ナラティヴ・アプローチ

野口裕二［編］

Narrative approach

勁草書房

はじめに

野口裕二

ナラティヴ・アプローチはここ数年の間に学問分野の壁を超えて多くの人々に知られるようになった。医療、看護、心理、福祉などの臨床領域における新たな実践的方法として、社会学や文化人類学における新しい研究法として、また、司法領域における紛争解決や企業経営・組織経営の新たな手法としても注目されている。つまり、人間関係とそれにまつわる問題のあるところならばどこでも応用できるアプローチとして注目されつつある。しかし、その実態はというと、ナラティヴという言葉を使い、人々の語りや物語に着目するという以外にはほとんど共通点を見出せないほど様々な議論が乱立している状態にある。

もちろん、このこと自体、かならずしも悪いこととはいえない。新しいアプローチが生まれる時の常として、様々な試みがあらわれるのはむしろ健全なことといえるかもしれない。しかし、もし仮に、それが従来からある他のアプローチとの違いを明確に主張できないのであれば、わざわざナラティヴ・アプローチと名乗る意味はないし、結局のところ、それは自らの存在意義を否定してしまうことにもなりかねない。

本書の目的は、ナラティヴ・アプローチの独自性を明確にして、今後の展開の方向性を探ることにある。様々な分野におけるナラティヴ・アプローチの実際を、既存のアプローチとの違いを明確にしながら描き出すことが主な目的となる。

もちろん、ナラティヴ・アプローチの独自性といっても、そのありようは研究分野によって当然異なるであろう。また、研究方法としての側面を強調するか、実践方法としての側面を強調するかによってもその中味は異なってくる。しかし、いずれにせよ、ナラティヴ・アプローチになんらかの意味があるとすれば、それは既存のアプローチとの比較という作業抜きには語れないはずである。この点を意識しながら、ナラティヴ・アプローチの様々な試みをあらためて整理することが本書の課題となる。

この作業を始めるにあたって、まず、ナラティヴ・アプローチの定義を共有しておく必要がある。ナラティヴ・アプローチとは、ナラティヴ（語り、物語）という概念を手がかりにしてなんらかの現象に迫る方法である。したがって、ナラティヴを分析の対象にするだけではナラティヴ・アプローチとはいえないことをあらためて確認しておきたい。「語り」を対象にする研究には、たとえばライフストーリー研究があり、グランデッドセオリー・アプローチがある。また、「物語」を対象にする研究には文学や文芸批評などがある。さらに、言説分析は様々なナラティヴをその研究対象に含んでいる。これらすべてがナラティヴ・アプローチだといってみても意味はない。ナラティヴ・アプローチはナラティヴを分析することが目的なのではなく、ナラティヴという概念を手がかりにしてなんらかの現象に迫る点に特徴がある。

ナラティヴ・アプローチは研究対象によって定義されるのではなく、研究方法によって定義される一つのアプローチである。以上のように定義されるナラティヴ・アプローチの方法としての独自性を、各分野を代表する研究者によって考察していただいた。本書に収めた研究分野は、社会学、文化人類学、医学、看護学、臨床心理学、社会福祉学、生命倫理学、法学、経営学の多岐にわたる。これら様々な分野における最新の成果を集約し、相互に参照しあうことで、ナラティヴ・アプローチが新たな段階を迎えることを願っている。

ナラティヴ・アプローチ／目次

はじめに　野口裕二

序　章　ナラティヴ・アプローチの展開……1　野口裕二

1　概念と前提　1
2　ナラティヴの多様性　11
3　ナラティヴ・アプローチの多様性　18
4　対象の水準と検討すべき課題　22

第一章　エスノグラフィーとナラティヴ……27　小田博志

1　エスノグラフィーとナラティヴ　28
2　他者との関係を語る　37

第二章　オルタナティヴとしてのリフレクティング・プロセス
ナラティヴ・アプローチへのシステム論的処方箋……矢原隆行　53
1　ナラティヴ・アプローチの観察　54
2　ナラティヴ・アプローチの隘路　59
3　リフレクティング・プロセスの概要　63
4　オルタナティヴとしてのリフレクティング・プロセス　67
5　おわりに　72
第三章　医療におけるナラティヴ・アプローチ……小森康永　77
1　新しい慢性疾患治療援助としての外在化心理教育　78
2　新しい医師患者関係構築としての共同研究　84
3　新しいターミナルケア／遺族ケアとしてのリ・メンバリング実践　86
4　新しい医療メディエーション（調停）としてのナラティヴ　88

5　おわりに　91

第四章　看護学とナラティヴ……………………大久保功子　99

1　看護学の知の変遷と質的研究　99
2　ナラティヴ・ナレッジの発掘　102
3　共に現実を創るナラティヴ　106
4　看護学におけるナラティヴ・アプローチ　114

第五章　私の家族療法にナラティヴ・セラピーが与えた影響
ナラティヴを取り入れた新たな家族療法の臨床実践……………吉川　悟　123

1　家族療法からナラティヴ　123
2　私にとってのナラティヴの実践初期　124
3　臨床の考えにナラティヴを取り込む　127

4　再び家族療法にナラティヴを取り込む　129
5　治療者の違いは事例表記にあらわれるか　133
6　私的考察　145

第六章　社会福祉領域におけるナラティヴ論……木原活信　153
1　はじめに　153
2　社会福祉領域におけるナラティヴ関連文献のレビュー　155
3　ナラティヴ論とその系譜　158
4　伝統的ソーシャルワークとの差異　161
5　浦河べてるの家の「幻聴」から「幻聴さん」の実践　164
6　むすびにかえて――ナラティヴ運動の時　169

第七章　生命倫理とナラティヴ・アプローチ……宮坂道夫 177
1　英語圏でのナラティヴ・アプローチ　177
2　臨床事例へのナラティヴ・アプローチ　183
3　架空の事例研究　189
第八章　紛争をめぐるナラティヴと権力性
司法へのナラティヴ・アプローチ……和田仁孝 203
1　ナラティヴと権力性　203
2　司法のナラティヴ構造　206
3　医療紛争におけるナラティヴの交錯と権力　215
4　司法の相対化――ナラティヴ・アプローチの実践性　225

第九章　組織経営におけるナラティヴ・アプローチ……加藤雅則　231
1　はじめに　231
2　組織論における語り　232
3　組織経営におけるナラティヴ・アプローチ――事例紹介　237
4　事例の考察　250
5　おわりに　254
終　章　ナラティヴ・アプローチの展望……野口裕二　257
1　ドミナント・ストーリーをめぐって　258
2　基本アイデアとしての「いまだ語られていない物語」　262
3　ナラティヴの多元性と重層性　266
4　和解の物語、希望の物語　271

5　おわりに――実証性と事例性をめぐって　275

序章　ナラティヴ・アプローチの展開

野口裕二

1　概念と前提

ナラティヴ・アプローチの展開を概観するうえで、まず最初にナラティヴという概念の定義と用法を確認しておこう。ナラティヴは通常、「語り」または「物語」と訳され、「語る」という行為と「語られたもの」という行為の産物の両方を同時に含意する用語である。したがって、「語り」と訳すと「物語」という意味が抜け落ち、「物語」と訳すと「語り」という意味が抜け落ちてしまう心配がある。この両義性を示すために「物語り」という用語が使われることもあるが、書き言葉では区別できるが話し言葉ではともに「モノガタリ」となってしまい区別ができない。「語り」と「物語」という意味の両義性とその連続性をうまく表す日本語がないためカタカナ表記の「ナラティヴ」が用いられる。

(1) ナラティヴ・プロット・ストーリー

それでは、「語り」や「物語」はどのような特徴をもっているか。その最小限の要件は、「複数の出来事が時間軸上に並べられている」という点である。われわれが自分の経験を人に語る時、そこには必ず複数の出来事が示される。「昨日、買い物に行ったら、偶然、○○と出会って、ひさしぶりにおしゃべりをして、そしたら、○○ったら、……」というように、われわれの語りは、出来事の連鎖を次々に語っていく。「物語」という形式もまた同様である。「昔々、あるところにおじいさんとおばあさんがいました。おじいさんは山へ柴刈りに、おばあさんは川へ洗濯に行きました。そこで川上から大きな桃が……」というように出来事の連鎖を語っていく。もちろん、「語り」も「物語」も単なる出来事だけでできあがっているのではなく、その時の「思い」や「感情」なども語られる。しかし、「思い」や「感情」だけでは「物語」は成立しない。出来事があってはじめてその時の「思い」や「感情」が意味をもつ。さらに、「思い」や「感情」も一つの出来事としてとらえることもできる。「何かを決意した」とか、「とてもうれしかった」というのも一つの出来事といえるからである。この意味で、複数の出来事の連鎖、すなわち、複数の出来事を時間軸上に並べてその順序関係を示すことがナラティヴの基本的な特徴といえる。

では、「ナラティヴ」は類似の概念である「ストーリー」とどこが違うのか。これらを厳密に区別せずに互換的に用いる研究者もいるが、ここでは、チャニオウスカ（Czarniawska, 1998）の整理を参考にして、次のように用いることにする。「ナラティヴ」は複数の出来事を時間軸上に並べたもの、「ストーリー」はナラティヴにプロットが加わったものであり、「プロット」とはいわゆる「筋立て」のことで複数の出来事の関係を示すものである。これらの関係を理解するために次のような文例を考えてみよう。

（a）彼は駅に着いた。そして大学に向かった。そして研究会に参加した。
（b）彼は駅に着いた。しかし大学に向かった。そして研究会に参加した。

（a）は、三つの出来事の時間的順序のみを示している。これが最も単純なナラティヴの形式である。これに対して、（b）は、三つの出来事の時間的順序のみならず、「しかし」という言葉でその関係を示している。「駅に着くこと」と「大学に行くこと」は当然のつながりなのではなく異例の事態であること、または、異例ではないにしろなんらかの予想を裏切る事態であることをこの文章は示している。このように、出来事相互の関係や意味を示すのが「プロット」であり、この例では、「しかし」というたった一つの接続詞がこの役割を担っている。そして、こうしたプロットを含めて成り立つ（b）という文章は「ストーリー」と呼ぶことができる。

ただし、「ストーリー」と呼ぶことができるとはいっても、これだけではいかにも不完全で面白みのない「ストーリー」であることは否めない。しかし、（a）と（b）ではやはり明らかな違いがあることに注意する必要がある。面白くないという意味では（a）は（a）はさらに面白くないものであり、この語りを聞かされたら、「ふーん、それで？」（So what?）と思わず問い返したくなるであろう。これに対して、（b）の場合には、「へー、そうだったんだ」という答えが返ってきて会話が完結する可能性がある。つまり、（b）はなんらかの意味を伝えているのに対して、（a）は意味が曖昧ないしは不確定である。「ナラティヴ」は意味が曖昧でも成り立つのに対して、「ストーリー」は聞き手に対して何らかの意味を伝える。

このように区別してみると、われわれの日常会話には「ナラティヴ」と「ストーリー」があふれていることがわかる。意味がはっきりしない「ナラティヴ」を聞かされて、「ふーん、それで？」と問い返し、その後に、意味がすこし明確になった「ストーリー」が語られることがあるし、結局、意味がはっきりしないまま終わることもある。また、ある人には単なる「ナラティヴ」にしか聞こえない話が、別の人には明確な意味をもった「ストーリー」に聞こえることもある。つまり、「ナラティヴ」か「ストーリー」かは単に文章の形式だけでは判定できず、語り手と聞き手の関係や、両者が置かれた場面、文脈によって変わりうるものであることがわかる。「ナラティヴ」という用語にはこのような不確定性と可能性が含まれている。それは「ストーリー」に変化する可能性を含み、また別の人にとっては「ストーリー」である可能性を含んでいる。したがって、「ナラティヴ」

という用語は「ストーリー」をその一特殊形として含む上位概念として使用することができる。「ナラティヴ」という概念はこのような幅と奥行きをもっており、ここにこの概念が注目される一つの理由がある。

(2) ナラティヴ・エビデンス・セオリー

以上、ナラティヴの特徴を類似概念との比較によって論じてきたが、つぎに、ナラティヴとはまったく異なる形式との比較によってその特徴を明らかにしよう。ナラティヴという形式のもつ特徴は、ブルーナーによる「ナラティヴ・モード」と「論理科学モード」(パラダイム・モード)の対比によって明確にされた(Bruner, 1986)。ナラティヴは出来事の時間的連鎖を伝えてくれる。しかし、その連鎖が必然なのか偶然なのかは一義的には確定できない。それに対して、論理科学モードの文章は、複数の出来事の必然的関係、因果的関係を明確に述べようとする。完全に明確といえるかどうかは別としても、すくなくともその明確さを高めることを目標とする。それがもっとも明確化されるといわゆる「法則」と呼ばれるようになる。次のような文例を考えてみよう。

(c) 昨日、酒を飲みすぎたので、今日は体調が悪い。
(d) 酒を飲みすぎると、翌日、体調が悪くなる。

（c）は、ある人が自分の経験と現在の状況を述べているもので、「飲みすぎた」という出来事と「体調が悪い」という出来事を「昨日」と「今日」という具体的な時間軸上に配したナラティヴである。それに対して、（d）は、昨日と今日という特定の時間軸上の出来事ではなく、いつでも起こりうる一般的な出来事として語られている。さらに、（c）は特定の誰かが自分のことを語っているように聞こえるが、（d）は、誰にでもあてはまることとして語っているようにも聞こえる。このように、特定の時間軸を超え、特定の人間という枠を超えたところでなされる言明が「論理科学モード」である。ただし、「論理科学モード」といういい方は科学者でなければ使えないような印象を与えるので、普通の人々の日常会話にあてはめると違和感があるかもしれない。そこで、この（d）のような形式を「セオリー・モード」と呼びかえることにしよう。人はそれぞれ自分が信じているセオリーをもっている。科学的に厳密に検証されたものではないが、それを語る本人にとってはきわめて妥当性の高い「セオリー」である。

われわれはこの二つのモードを組み合わせ、使い分けながら様々なことを語る。自分の経験をそのままナラティヴのかたちで語ることもあれば、自分が知っているセオリーにあてはめて語ることもある。また、他人の語ったナラティヴに対して、自分なりのセオリーをあてはめてコメントしたりもする。こうしたやりとりのなかで、ナラティヴが書き換えられることもあるし、セオリーの方が書き換えられることもある。われわれのコミュニケーションのプロセスは、ナラティヴとセオリーの組み合わせという視点からも分析することができる。

ところで、以上の区別に加えてもう一つ重要な形式がある。それは「エビデンス」と呼ばれる形式である。近年、EBM（Evidence Based Medicine）といった用語が医療や看護などの臨床領域で注目され関心が高まっている。ここでいうエビデンスとは「統計的データに基づく」という意味であり、複数の出来事の相関関係を統計的に述べたものを指している。この形式を具体的な文章にすると以下のようになる。

（e）飲みすぎた日の翌日は、体調が悪いことが多い。

一見してわかるとおり、この形式は、前述の（c）と（d）の形式の中間に位置している。（c）はあくまで個別具体的な経験を述べたものでそれがどの程度一般的に成り立つのかについては何も主張していない。（d）はそれが一般的に成り立つ関係であることを主張している。それに対して、（e）は単なる個別具体的な話ではないが、かといって、一般的に成り立つというほどの強い主張でもない、その中間の主張である。いうまでもなく、科学という営みは、こうしたエビデンスを発見し、それをセオリーにまで高めること、あるいは逆に、あるセオリーから出発してそれを裏づけるエビデンスを示すことで成り立っている。この時、ナラティヴはエビデンスやセオリーを生み出すためのデータとして位置づけられる。ナラティヴはそれ自体単独では意味をもたず、それらを大量に集めて統計的分析を施してはじめて意味を持つものとして位置づけられる。科学の世界では、

「セオリー＞エビデンス＞ナラティヴ」という関係が自明の前提とされている。しかし、日常の世界で果たしてこの不等号は成り立つのであろうか。また、そもそも成り立たせる必要があるのだろうか。ナラティヴ・エビデンス・セオリーの概念的区別はこうした問題圏へとわれわれを導く。

なお、以上のような区別に関して、それはあくまで論理的な区別であって、現実の世界ではセオリーがナラティヴのように語られたり、逆に、ナラティヴがセオリーのように語られることも多く、セオリーもまたナラティヴの一特殊形式とみなすべきではないかという議論がある（斎藤，2006）。現実の世界でそのようなどちらともつかない語りが見られることは確かだと思われるが、だからこそ、両者がどのように絡まり合い重なり合っているのかを明らかにする必要がある。そのためには両者を概念的に区別しておかなければならない。ナラティヴがあたかもセオリーのごとく語られ、セオリーがナラティヴとして語られる。そうして構成される社会的現実を解明することは、ナラティヴ・アプローチの重要な検討課題の一つといえる。

(3)　ナラティヴが伝えるもの

以上、ナラティヴの形式的特徴について述べたが、それでは、ナラティヴはわれわれに何を伝えているのか。また、われわれはナラティヴという形式を用いて何を表現し、そこから何を読み取っているのか。この問題について、エリオットは次の三点に整理している（Elliott, 2005）。

第一は「時間性」である。ナラティヴという形式は出来事の時間的順序を伝える。ある出来事X

が起きた、そして次に、出来事Yが起きたという順序を伝える。そして、このとき、XがYの原因であると明確に語られればそれはプロットを得てストーリーに近づいていく。また、そこに一見因果関係はなさそうに見えるが、実は因果関係があることが後から判明するという形のプロットもある。いずれにせよ、われわれは出来事の連鎖を語りながら、ある連鎖には因果関係を見出し、ある連鎖にはそれがないと見なすことで、それぞれのナラティヴを構成する。こうすることでわれわれは「生きられた時間」を他者に伝えようとしている。

第二は「意味性」である。「ストーリー」の説明でもふれたとおり、ナラティヴはプロットを得ることで意味を伝える。例えば、二つの出来事が「しかし」という接続詞で結ばれることによって、そこに意外性という意味が付け加えられる。また同時に、行為者の独特の意図もそこに表現される。いつもとは違う意外なことをするに至った行為者の意図がそこに暗示される。さらに、その行為の結果、他者にどのような影響がもたらされたのかという他者にとっての意味も伝えられる。ただし、何を意味としてとらえるかは、聞き手の側の想定や聞き手が置かれた文脈によって異なる。そもそも、何を「意外」と感じるかは、聞き手が語り手に対してもっている知識によって変わる。語り手をよく知っている人にとっては意外ではないことが、よく知らない人にとっては意外に聞こえることもある。したがって、ナラティヴが伝える意味は一義的には確定できず、聞き手によって異なる意味を伝える可能性をつねに含んでいる。

第三は「社会性」である。ナラティヴは通常、具体的な誰かに向かって語られる。その聞き手が誰であるかによって語り方は変わる。聞き手にとって意味があるように語るには、聞き手の関心や知識を前提に語り方を変える必要がある。また、聞き手の反応によっても語り方を変える必要がある。思わぬ反応にあって、最初のナラティヴは途中で終わり、まったく別のナラティヴに移行し、その後に、また最初のナラティヴに戻ってくることもある。ナラティヴは語り手と聞き手の共同作業によって成立する社会的な行為であり、社会的な産物である。したがって、聞き手として誰が想定されているかはナラティヴの重要な要素である。日記のように自分を聞き手に想定したもの、ブログのように不特定の誰かを想定したものなど、想定された聞き手との関係において個々のナラティヴを考察する必要がある。

以上の三つの特徴は、ナラティヴがわれわれの社会生活において重要な役割を果たすものであることを示している。われわれは時間の秩序のなかでの生活を余儀なくされている。その時間の秩序に整合するようにわれわれの経験を組織化する必要がある。その際に、ナラティヴという形式はもっとも基本的な形式となる。ナラティヴはわれわれに時間の流れを意識させ了解させる道具として重要な役割を果たしている。また、それは、われわれにとって意味あるものと意味のないものを識別させる道具としても役立っている。ナラティヴは無数に存在する出来事のなかから重要な出来事とそうでない出来事を選別してわれわれに伝えてくれる。さらに、ナラティヴは、われわれが社会的存在であることを伝えている。時間の流れや出来事の意味を他者に伝え共有することによって社会生活は可能になる。そのための道具としてナラティヴは欠くことのできないものといえる。

ナラティヴはこのような重要な役割を果たしているにもかかわらず、これまで正当に評価されてこなかった。とりわけ、近代科学の枠組のなかでは、それは多くのバイアスやノイズを含んだものと見なされ、精錬しなければそのままでは使えないもの、不完全なデータとして扱われてきた。そして、それを精錬するための方法が様々に考案されてきた。しかし、ナラティヴが果たしている役割を以上のように考えるならば、それは決して単なる不完全なデータではない。なんらかの社会的現象やなんらかの社会的現実を考察するうえで決して無視することのできない重要な要素ということになる。われわれの生きる現実は様々なナラティヴによって成り立っており、ナラティヴによって組織化されている。ナラティヴ・アプローチはこうした認識から出発する。

2　ナラティヴの多様性

それでは、われわれの生きる現実を構成するナラティヴは具体的にどのような形をとっているのか。ナラティヴにはどのような種類があり、どう区別できるかは、ナラティヴ・アプローチを実践するうえでの重要な第一歩となる。次にこの問題を検討しよう。

(1)「大きな物語」と「小さな物語」

これまでに知られている区別のうち、おそらく最も有名なものは、リオタールによる「大きな物語」と「小さな物語」という区別であろう（Lyotard, 1979)。ここでいう「大きな物語」とは、様々な物語を背後から正当化する物語という意味で使われており、近代という時代を支えてきた「解放の物語」、「進歩の物語」などがそれにあたる。これに対して、「小さな物語」とはそのような「大きな物語」の支えなしに成り立つ物語で、そうした正当化とは無関係に新しいアイデアを出すことそれ自体を目的とするような知のあり方がその代表例とされる。そして、この後者こそがポストモダンの時代の大きな特徴だというのがリオタールの主張であった。

「小さな物語」の登場をどうとらえるかはポストモダンとは何かという問題に直接つながる問題であり、さらに詳細な議論が必要となるが、ここでわれわれが学ぶべき点は次の四点に要約できるように思われる。第一に、「物語」には階層性があるということ、第二に、近代という時代は特定の「大きな物語」を背景に成立してきたということ、第三に、そうした「大きな物語」はそれ以上遡る必要のないもの、正当化の起点として作用してきたこと、第四に、「大きな物語」による正当化を必要としない（むしろそれを拒否するような）「小さな物語」があらわれはじめているということである。こうした見方は、社会過程を様々なナラティヴ相互のダイナミクスとしてとらえるうえで重要な視点を与えてくれる。

(2)「ドミナント・ストーリー」と「オルタナティヴ・ストーリー」

次に区別しておきたいのは、「ドミナント・ストーリー」と「オルタナティヴ・ストーリー」の区別である。ホワイトとエプストンのナラティヴ・セラピー（White & Epston, 1990）によって一躍有名になったこの区別は、もともとフーコーの知と権力に関する議論（Foucault, 1980）に由来するものであり、「ドミナント・ストーリー」はある状況を支配している物語という意味で用いられる。それは、ある状況において自明の前提とされ疑うことのできないものである。例えば、かつては、「夫は外で働き妻は家庭を守る」という家族の物語は疑うことのできないものとされていたが、いまやそれは疑うことのできるものに変わっている。「ドミナント・ストーリー」は疑うことのできないもの、疑いを寄せ付けないことによって「ドミナント」であり続ける。しかし、一旦、疑われてしまえば、それは「ドミナント」ではなくなる。そして、その代わりにあらわれるのが「オルタナティヴ・ストーリー」である。「夫婦がどう役割分担するかは夫婦ごとに決めればよい」という「代案」があらわれ、今度はそれが「ドミナント・ストーリー」になっていく。

以上の説明に明らかなように、「ドミナント・ストーリー」と「オルタナティヴ・ストーリー」の区別は状況依存的である。それはある状況において自明の前提とされているかどうかにかかっており、状況設定が異なれば異なりうるし、また同じ状況設定でもいつの時点かによって異なってくる。そして、一つの「ドミナント・ストーリー」がその効力を失うと、「オルタナティヴ・ストーリー」が次の「ドミナント・ストーリー」となってその状況を支配するという形が一般的である。ただし、過渡的には両者が拮抗し膠着する場合もあるし、それが長期化する場合もある。「ドミナント・ストーリー」は「大きな物語」と似た面をもっている。「ドミナント・ストーリー」もまたある状況でそれ以上遡る必要のない正当化の起点として作用するからである。しかし、両者が異なるのは、「大きな物語」は様々な状況を貫通して正当化の起点として作用するような物語を指すのに対し、「ドミナント・ストーリー」は個々の状況ごとに定義されるものであるという点にある。「ドミナント・ストーリー」は、家庭、職場、学校といった様々な状況ごとに見出される。

(3)「ファースト・オーダー」と「セコンド・オーダー」

ナラティヴは誰が誰について語るかによっても分類することができる。その一つが、「ファースト・オーダー」と「セコンド・オーダー」という区別である。エリオットは、個人が自分や自分の経験について語ったものを「ファースト・オーダー・ナラティヴ」と呼び、それに対して、主に研究者などが社会的世界を理解するために語ったものを「セコンド・オーダー・ナラティヴ」と呼んで区別している（Elliott, 2005）。この場合、語られる対象は個人ではなく、ある社会的カテゴリーに属する人々ということになる。労働者階級、女性、病者、障害者といった社会的カテゴリーはその代表的なものといえるかもしれない。そして、こうした社会的カテゴリーの物語を聞かされた時、「それはまさしく私の物語だ！」という感覚に襲われることがある。このような場合、そうした物語は「コレクティブ・ストーリー」と呼ばれる。それは、ある個人の物語であると同時に、ある社会的カテゴリーに属する人々に共通の物語である。

こうした区別は、個人の物語と集団の物語の関係を考察するのに役立つ。エリオットは、セコンド・オーダーのナラティヴの語り手として研究者を想定しているが、これだけに限る必要はない。例えば、セルフヘルプ・グループで語り継がれてきた物語とそこに参加する個人が語る物語の関係にもこの区別があてはまる。セルフヘルプ・グループは、個人の物語とグループの物語が相互に刺激しあい参照しあいながら更新されていく場としてとらえることができるからである（野口，2001，2005）。また、社会運動の団体が語る物語、宗教教団が語る物語にもこの区別はあてはまるかもしれないし、「戦後世代の物語」、「バブル世代の物語」のように主にマスメディアを通じて流布した物語にも応用可能かもしれない。

さらに、この区別は、当事者の「生の声」とは何かという問題を考えるうえでも重要である。専門家が当事者の声を代弁するということがしばしば行われるが、それはそもそも可能なのか、どうしたら可能なのか。専門家の「セコンド・オーダー」の語りが当事者の「ファースト・オーダー」の語りを抑圧してしまうことはないのか。逆に、当事者の「ファースト・オーダー」の語りは専門家の「セコンド・オーダー」の語りにどのような影響を及ぼすのか。こうした検討課題が浮かび上がってくる。

(4) 語り手・主題・聞き手によるナラティヴの分類

「ファースト・オーダー」と「セコンド・オーダー」の区別は、誰が誰について語るかによるも

表序-1　語り手・主題・聞き手によるナラティヴの分類

	語り手	主題	聞き手	主語の人称	例
A	自分	自分	他人	一人称	自伝、セラピー、宗教的告白
B	自分	他人	他人	二人称、三人称	相手へのコメント、噂話
C	他人	自分	自分	二人称、三人称	セラピー、リフレクティング・チーム
D	他人	他人	自分	三人称	歴史、小説、ドラマ、ニュース、噂話

のであったが、これを拡張し、聞き手が誰かという要素を付け加えることによってより網羅的なナラティヴの分類が得られる。語り手、主題、聞き手の三者をそれぞれ自分と他人という二項で区別すると、二×二×二で合わせて八通りのパターンが得られるが、語り手と聞き手が同じ場合はナラティヴの社会性という点で変則的な例なので、それらを除くと以下の四通りになる（表序-1）。

Aは、いわゆる「自己物語」（self-narrative）として知られているもので、自伝や自分史をはじめ、自己紹介の場面、友人との会話、セラピー場面、宗教的告白など、一人称で語られる様々なナラティヴが含まれる。

Bは、主題と聞き手が同一人物か、別の人物かでさらに二種類に分類できる。同一人物であれば、相手に向かって直接なんらかのコメントをするような場面で二人称が主語になる物語、別の人物であれば噂話がこれに当たり三人称が主語になる物語となる。

Cは、他人が自分について語るのを聞いている場面で、親や友人との会話、教師や先輩との会話、セラピーの場面などで見られる。なお、例にあげた「リフレクティング・チーム」（Andersen, 1991）では、他人が自分に向かって直接語るのではなく、他人に向かって語るのを聞くという人工的なセッティングが施される。主語の人称は三人称になるが、それを本人が聞いているので、事実上二人称の物語となるという特殊な仕掛けである。

Dは、いわゆる「物語」という言葉で想起されるものに一番近いもので、歴史、小説、ドラマをはじめ、ニュースや噂話もこれにあたる。メディアを介して届けられるナラティヴの多くはこれに含まれるものであり、語り手も主題も他人なので、文字通り「他人事」として聞くことができるという特徴がある。ただし、自分と同じ社会的カテゴリーに属する人について語られている場合には、「他人事ではない」ということになり、「コレクティブ・ストーリー」として発展していく可能性もある。

以上の例示にも明らかなように、こうした分類は社会空間の分類と制御という問題と深く関連する。Aのように、自分で自分のことを語れる相手や場面は社会的に限定されており、それゆえ、セラピーや宗教などの特殊な装置が必要とされる。また、Bのように、他人について語る場面にも独特の限定と緊張が加わる。その語り方次第では、主題となる他人との関係を傷つけてしまう可能性を考慮しなければならないからである。CもBと同様の特徴を含んでいるが、例示にも明らかなように、この語り手は専門家、親、教師などなんらかの権力をもつ者に偏る傾向があり、この種のナラティヴ自体がなんらかの権力作用を伴いがちであるという特徴がある。これに対して、Dはもっともありふれたナラティヴとしてわれわれの社会に広く流通しており、多くの人に共有される可能性がもっとも高い。また、商品としても流通し、大量に生産され消費されるという特徴もある。このような様々なナラティヴを組み合わせることで、われわれの社会的現実は成り立っている。これらの組み合わせのありようやこれらの相互作用のプロセスを見ていくことはナラティヴ・アプローチの重要な課題の一つとなる。

3 ナラティヴ・アプローチの多様性

ナラティヴ・アプローチは「ナラティヴという形式を手がかりにしてなんらかの現実に接近していく方法」として定義できる（野口，2005）。ここで重要なことは、ナラティヴ・アプローチが研究対象によってではなく研究方法によって定義される一つのアプローチであるという点である。ナラティヴそれ自体を研究することが目的なのではなく、なんらかの現象を研究したり、なんらかの対象に働きかける実践をする際に、ナラティヴという形式を手がかりにする。その際に注意すべきいくつかの問題について整理しておこう。

(1) 分析と実践

まず最初に区別しておきたいのは、「分析」と「実践」である。ナラティヴ・アプローチという場合に、臨床家や実践家は実践方法論としてのナラティヴ・アプローチを思い浮かべ、一方、研究者は研究方法論の一つとしてこの言葉を使っている。もちろん、どちらか一方が正しいわけではなく、どちらも正当な用語法である。そして、いわゆる実践研究や介入研究、参与観察などにおいては、分析と実践の両者が重なり合う場合もある。いずれにせよ、ナラティヴ・アプローチは実践という目的のためにも研究という目的のためにも使える方法である。ナラティヴ・セラピーやＮＢＭの影響もあってもっぱら実践のための方法論であるかのような誤解があるが、そのように限定すべき理由はない。また、実践と比べて研究に関する成果の紹介が相対的に少ないこともそうした誤解を生む一因と考えられるが、そうした成果も近年急速に増えつつある（Czarniawska, 1998, 2004; Elliot, 2005）。このことは本書の各章からも伝わってくるはずである。

(2) 構造分析と機能分析

ナラティヴの分析手法は、「構造分析」と「機能分析」の二つに大きく分けることができる。構造分析は、ナラティヴの内部構造を分析するものであり、「ラボフ・ワレツキー・モデル」（Labov & Waletzky, 1997 = 1967）、「スタンザ分析」（Riessman, 1993）などがよく知られている。とくに前者は、ナラティヴが、「概要、方向づけ、行動、評価、解決、回帰」という六つの要素を含んで成り立っていることを示しており、ナラティヴの形式的特徴を理解するうえで役立つ。また、「評価」という要素が、ナラティヴがなんらかの「意味性」を伝えるうえで重要な役割を果たしていることもこのモデルから学ぶことができる。一方、スタンザ分析は、あるナラティヴを詩の形式に読み替えることによって、構造的な特徴をとらえようとするものであり、ナラティヴを成り立たせている潜在的な構造を把握するうえで参考になる。

ただし、これらはともに、単一のナラティヴの内部構造を把握するのには適しているが、複数の人間が織り成す社会的場面におけるナラティヴの連鎖と相互作用を分析するのにはかならずしも適していない。ナラティヴ・アプローチはナラティヴそれ自体の分析を目的とするのではなく、ナラティヴを手がかりにして、なんらかの現象を分析することを目的としている。この意味で、ナラティヴ・アプローチとは、ナラティヴという形式がなんらかの現象に対してどのような機能を果たしているかという問いを基本にすえるナラティヴの機能分析にほかならない。したがって、ナラティヴの構造分析をするとしても、それだけではナラティヴ・アプローチとして不十分である。それはかならずなんらかの現象との関係において、すなわちナラティヴの機能分析と組み合わせて用いられるべきものである点に注意する必要がある。

(3) 本質主義と構成主義

ナラティヴのなかになんらかの本質が隠されていると考えるか、それとも、ナラティヴがなんらかの現実を構成すると考えるかで、研究や実践の方向は大きく異なってくる。一般に前者は「本質主義」、後者は「構成主義」と呼ばれる。結論から先にいえば、ナラティヴ・アプローチはこの両者とも接続可能であるが、「構成主義」と接続するときに従来のアプローチとの違いがより明確になる。

本質主義の立場に立つ時、個々のナラティヴはなんらかの本質を示すデータとして扱われる。したがって、本質を取り出すための手続きをできるだけ厳密かつ明快にする必要がある。グランデッド・セオリー・アプローチなどはそうした手続きをかなりの程度洗練したものとして位置づけられるであろう。一方、構成主義の立場に立つ場合は、個々のナラティヴのなかに何が隠されているかではなく、個々のナラティヴが結果としてどのような現実を構成しているかに着目する。したがって、構成主義の立場はそのまま、前述のナラティヴの機能分析の立場と重なる。ナラティヴとなんらかの現象との関係にはじめから焦点が絞られているからである。一方、本質主義の立場に立つナラティヴ・アプローチの場合には、まず、ナラティヴからなんらかの本質を取り出し、そのうえで、なんらかの現象との関係を探るという二段構えの作業が必要になる。

こうした違いは、インタビューをどう位置づけるかにも関係する。本質主義の立場では、できるだけ偏りのないデータを取り出すための工夫に注意が向けられる。一方、構成主義では、インタビューのプロセス自体がなんらかの現実を構成するプロセスとしてとらえられる。この立場をより徹底させたのが「アクティヴ・インタビュー」(Holstein & Guburium, 1995)と呼ばれる方法で、そこでは、インタビュイーからいかにして真実を聴き出すかという従来の前提は捨て去られ、インタビューという状況のなかでインタビュイーがどのような現実をどのように構成していくのかに考察の焦点が合わされる。

こうした違いは、実践場面にも大きな違いを生む。本質主義の立場に立てばクライアントの語りからいかにして真実を聴き取るかの訓練が重要になるし、構成主義の立場に立てばクライアントとセラピストが共同していかにして新しいナラティヴを生み出せるかが重要になる。どちらの立場に立つべきかは、研究や実践の目的や問題の種類によっても変わるが、いずれの立場に立つにせよ、こうした方法上の違いを明確に意識した上でナラティヴ・アプローチを実践する必要がある。

4　対象の水準と検討すべき課題

以上、ナラティヴとは何か、ナラティヴ・アプローチとは何かについて述べてきたが、では、ナラティヴ・アプローチは具体的にどのような問いを立てることができるのか。この問題を、ミクロ、メゾ、マクロの三つの対象レベルに分けて整理しておこう。

まず、ミクロ・レベルでは、個人をめぐるナラティヴがその対象となる。人はどのようにして自己物語を書き換えることができるのか？　その際にどのような社会関係がそれを促進（あるいは阻害）するのか？　援助専門職はこのプロセスにどのように関与することができるのか？　といった問いが立てられる。いうまでもなく、これはナラティヴ・セラピーが追求してきた問いであり、すでに多くの蓄積がある。また、「自分探し」や「キャリア・デザイン」などの自己物語への注目はどのような「自己」を産出するのか？　自己物語の形式は歴史的にどのように変容してきたか？といった問いも可能である。

メゾ・レベルでは、集団や組織のナラティヴが対象になる。ある集団や組織はどのような固有の物語をもっているか？　それはどのように作られてきたのか？　その物語はその集団のパフォーマンスとどのような関係にあるか？　といった問いが立てられる。また個人の物語と集団や組織の物語との関係、それらの相互作用も興味深い分析課題である。前述したセルフヘルプ・グループの分析などにも使えるし、会社組織やNPO組織など、経営学や組織論の領域でのさらなる応用が期待される。また、これは、家族療法の領域では「家族神話」というかたちで以前から扱われてきたテーマでもあり、個人、家族、職場、地域などを包括的に視野にいれたソーシャルワーク的介入においても有効な視点となりうる。

マクロ・レベルでは、社会全体を覆うようなナラティヴが分析の対象となる。近年の日本社会を例にとれば、「構造改革の物語」、「格差社会の物語」がきわめて大きな影響力をもってきた。これらの物語はどのようにしてこれほどまでの影響力を持つに至ったのか？　また、これらの物語は、個人レベルの物語や組織レベルの物語にどのような影響を与えてきたか？　逆に、個人レベルの物語や組織レベルの物語はこれらの物語にどのような影響を与えてきたか？　そして、これらの物語は今どのように変質しつつあるか？　といった問いが浮かんでくる。

以上、三つの対象レベルごとに考えられる問題設定を述べたが、もちろん、これはあくまで例示であって問いがこれらに限定される必要はまったくない。これらを参考にしてさらに意味のある多くの問いが立てられることが期待される。また、これらの問いは、前節で述べたいくつかの分析水準と交差させることによって、より明確な問いとなるはずである。例えば、ナラティヴとセオリーの区別、ドミナント・ストーリーとオルタナティヴ・ストーリーの区別、ファースト・オーダーとセコンド・オーダーの区別などをこれらの問いと組み合わせることでより焦点の絞られた問いを立てることができる。

これらの問いを検討するなかで、さらに有効な分析水準を発見し工夫していくことがナラティヴ・アプローチの発展にとって不可欠である。この意味でこれまで述べてきた区別や概念は、ナラティヴ・アプローチを実践するうえでの出発点を示すものにすぎない。これらをヒントにさらに有効な区別や概念が提案されることが期待される。また、何が有効な区別や概念となるかは、学問分野や問題関心のありようによっても当然異なってくる。そうした分野ごとの特性と独自の問題意識やアイデアについては、後に続く章で詳しく論じられる。

参考文献

Andersen, T, (1991) *The reflecting team : Dialogues and dialogues about the dialogues*. New York, W. W. Norton.=(2001) 鈴木浩二監訳『リフレクティング・プロセス』金剛出版

Bruner, J. (1986) *Actual minds, possible worlds*. Harvard University Press.=(1998) 田中一彦訳『可能世界の心理』みすず書房

Czarniawska, B. (1998) *A Narrative approach in organization studies*. Sage.

Czarniawska, B. (2004) *Narratives in social science research*. Sage.

Elliot; J. (2005) *Using narrative in social research*. Sage.

Foucault, M. (1980) *Power/Knowledge*. Pantheon.

Holstein, J. A. & Gubrium, J. F. (1995) *The active interview*. Sage.=(2004) 山田富秋・兼子一・倉石一郎・矢原隆行訳『アクティヴ・インタビュー』せりか書房

Labov, W. & Waletzky, J. (1997=1967) Narrative analysis: oral versions of personal experience, (Reprinted), *Journal of Narrative and Life History*, 7 (1-4) 3-38.

Lyotard, J. F. (1979) *La condition postmoderne*. Paris. Minuit.=(1986) 小林康夫訳『ポストモダンの条件』水声社

野口裕二 (2001)「集団療法の臨床社会学」野口裕二・大村英昭編『臨床社会学の実践』有斐閣

野口裕二 (2005)『ナラティヴの臨床社会学』勁草書房

Riessman, C. K. (1993) *Narrative analysis*. Sage.

斎藤清二 (2006)「医療におけるナラティヴの展望―その理論と実践の関係」江口重幸・斎藤清二・野村直樹編 (2006)『ナラティヴと医療』金剛出版

White, M. & Epston, D. (1990) *Narrative means to therapeutic ends*. Norton.=(1992) 小森康永訳『物語としての家族』金剛出版

第一章　エスノグラフィーとナラティヴ

小田博志

物語はなぜ人を引きつけるのであろうか。ナラティヴ・アプローチという時にも私の念頭にはこの素朴な疑問がある。時代も環境もまったく違う舞台背景の物語が人を引き込み、感動せしめるのはなぜであろう。この物語の力をいかにすれば研究に取り入れることができるのであろうか。

文化人類学者の第一の仕事は「エスノグラフィーする」ことである。これは「違った世界」で生きる人々の姿を伝え、複数の世界の橋渡しをすることである。言い換えるとそれは想像力のレベルで人々の世界を拡大することである。そのために物語《ナラティヴ》の力が有効になる。第一章では「現場」概念を前提とした新しいエスノグラフィーの方向性とそこでのナラティヴの意義を説明する。さらに「和解」の現場、すなわち他者との関係修復の現場を取り上げて、ナラティヴ志向のエスノグラフィーの実例を示したい。

1　エスノグラフィーとナラティヴ

(1)　文化人類学とエスノグラフィー

エスノグラフィー（ethnography）は質的調査研究の方法論の一つであり、特に文化人類学の分野で中心的な位置を占めてきた。また社会学においても確たる伝統をもち、近年、教育学、心理学、看護学、医学、歴史学、言語学、経営学などでも用いられている（Flick, 1995 = 2002）。

エスノグラフィーというアプローチは、ある社会的事象に密着しながら理論的考察をするための諸前提や諸技法の総体である。この時、その事象を文脈も含めて捉えることを特徴とする。この意味でのエスノグラフィーは、対象選定から結果発表までを包括する特殊な研究プロセスのことである。このプロセスの中でいわゆるフィールドワークが重要な調査方法として用いられることが多い。フィールドワークでは調査者がフィールドに身をもって入り込み、そこでの人々の実践にかかわりながら観察をしたり、人々の話を聞いたりする。この場合、エスノグラファーがフィールドで身をもって得る知見がエスノグラフィー研究の核として生長してゆく。エスノグラフィーの研究方法論としての特徴は標準化の程度の低さである。何か決まったやり方があるわけではなく、エスノグラファーはそれぞれの調査対象や研究設問の特性に応じて集めるべきデータの種類と集め方、データ分析の仕方、結果の発表の仕方などを臨機応変に選んでいく。異なった種類のデータや方法を組み合わせるトライアンギュレーションがエスノグラフィーの場合よく行われる。

これほど自由度が高いのはエスノグラフィーの起源と関係がある。エスノグラフィーは「他者」との出会いからはじまった。その典型的な例はマリノフスキーのトロブリアンド諸島における調査である。一九一〇年代に行なったフィールドワークで、マリノフスキーは「クラ」と現地語で呼ばれる事象を発見した。クラとは貝でできた首飾りと腕輪という「実用性のない品物」が、ある規則に従って島々の間で交換されることを指す。この現象は当時の学界で一般的な「原始的交換」の理論では説明できないものであった。さらに調べていくとクラが特定の社会組織、カヌー建造の技術、儀礼や呪術などと複雑に結びついていることが明らかになっていった。マリノフスキーはクラを「大変な理論的重要性をもつ経済現象」とみなして、二年の時間を費やして調べていった。その成果は一九二二年に出版された（Malinowski, 1922＝1967）。これが学界に与えたインパクトはきわめて大きく、新しいジャンルとしてのエスノグラフィーの開始を告げるものとなった。

「他者の他性（otherness of the other）」を認識しその世界を理解するには、自己の手持ちのやり方では不十分である。それでは他者の世界を自己の枠組みに押しこんでしまうことになる。そうではなく他者の世界を〝内側から〟描き出すためには、できるだけ標準化・規格化されていない方法、他者との対話的な関係の中で即興的に進めていく方法が適切となる。エスノグラフィーの原点にはこの認識がある。

(2) 「文化」に抗して書く

マリノフスキー以後のエスノグラフィーは、「一つの社会」ないし「一つの文化」を「全体的（holistic）」に描き出すというスタイルへと収斂していった。その典型的な姿はこのようなものである――いわゆる欧米の「文明社会」とは隔絶したところに住む「XX族」「YY人」には固有の社会組織や文化体系があり、それは時間の経過の中でも不変であるが、唯一「近代化」によってその純粋な姿を失う恐れがあり、その前に人類学者が記録して残さなければならない。

こうした旧来型のエスノグラフィーに対する批判の一つとして、ここではアブー＝ルゴドを取り上げてみよう（Abu-Lughod, 1991）。われわれの議論にとって重要となる代案も提起されているからである。アブー＝ルゴドは文化人類学の主導概念である「文化」の根底的な分析を行ない、その結果「文化に抗して書く」という方法論的スタンスを提唱するにいたった。彼女によれば、「文化」概念を前提とすることで、「他者」が「われわれ」と本質的に異なった存在として表象され、「自己」と他者の区別が凍結」されることになる（Abu-Lughod, 1991）。それは旧来型の人類学的「文化」概念が次の点を含意するためである。

- 均質性（homogeneity）…ある文化が特定のメンバーのあいだに均質に行き渡っている
- 一貫性／整合性（coherence）…ある文化の部分要素は互いに矛盾せず、整合的に組み合わさって一つの全体を構成する

・無時間性（timelessness）…ある文化は時間が経過しても変化しない

こうした「文化」は対象となる現実の側にあるのではなく、むしろ文化人類学者が対象に押しつける概念的構築物である。振り返ってみるとエスノグラファーがフィールドで経験する現実はそれとは異なっている。相矛盾する多様な意見に戸惑い、調査結果が整合的に組み合わさって一つの全体をなすという保証はどこにもなく、フィールドで出会う人も事物も時の経過の中で変動し続ける。この現実の中で、エスノグラファーは即興的に行為しなければならない。エスノグラファーが書く論文はこうしたフィールド経験を幾重にもフィルターにかけ精製した末の「加工品」である。「文化」概念はそのうちの最も強力なフィルターといえる。

それでも「エスノグラフィーを書く意味自体は失われていない」（Abu-Lughod, 1991）。ここで彼女が提起するのが「特定的なもののエスノグラフィー（ethnographies of the particular）」というアプローチである。「文化」概念によってふるい落とされてしまうのがフィールドにおける「特定的なもの」である。フィールドワークには常に特定性が刻まれている。特定の時に、特定の所で、特定のエスノグラファーが、特定の人々と出会う。その特定的なものを描き出そうというわけである。アブー＝ルゴドは単にミクロな出来事のみに焦点を当てることを唱道しているのではない。特定的な事象に焦点を当ててこそ、マクロな政治経済的・歴史的作用力の影響を明るみにだせると考えるのである。

アブー＝ルゴドがこのアプローチを実践するために用いるのが「ナラティヴ・エスノグラフィー」である。これはフィールドの人々の語りを提示することだけでなく、エスノグラファーが特定の時と所における特定の個人のストーリーを物語るということでもある。予測不可能性をはらんだ特定の「今」という状況を生き続ける点で、エジプトのベドウィンも、アメリカの大学に勤務する文化人類学者も変わりがない。「『文化』的ルールがプログラミングされたロボット」(Abu-Lughod, 1991) ではない生きた人間の姿を描き出すためにアブー＝ルゴドが「ナラティヴ」に着目したことは特筆すべきである。

既存の「文化」的ルールから予測することが難しい、流動的で、複雑で、予測のつかない状況を人は生きている。現実のそのような側面を指す時に日本語では「現場」という言葉が使われる。

(3) 「現場」から出発する

「現場に行ってみてはじめてわかった」という経験をすることがある。

これは現場での発見の経験である。学校や教科書で習って、もしくは人づてに聞いて知識としては知っていても、その物事が実際に起こっている場で身をもって気づくことがある。

「現場」という言葉についてもう少し振り返っておこう。

「工事現場」「事件現場」「老人介護の現場」「労働現場」「現場がわかっていない」「現場で学ぶ」「現場で役に立つ」――

これらの表現をみると、日本語で「現場」という語が用いられる時、既製の知識・理論が必ずしも通用しない独特の性質をもった場が思い描かれていることがわかる。

大きく定義すると「現場」とはある物事が実際に行われる／起きている場ということである。この日常語をさらに解きほぐしていくと複雑な意味が織り込まれていることがわかる。ここではそれを発展させて、「現場」を方法論的概念とするための考察を行ないたい。「現場」概念を前提にしたエスノグラフィーの新しい方向性とはいかなるものであろうか（より詳しくは小田, 2009を参照）。

「現場」概念を特に「文化」概念との比較を念頭に分析してみると、以下のような特性が考えられる。まず時間的な特性として現在進行性が挙げられる。現場の時間性とは、すでに起こった現実としての「これまで」と、どうなるかわからない「これから」のあいだで進行し続ける「今」である。「事件現場」というとき直接的にはすでに起こった事件を指すが、しかしこの場合でもその事件の解決というアクチュアルな課題に直面する「今」が暗示されている。木村（1994）はリアリティ（すでに形になった客体的現実）とアクチュアリティ（進行し続ける行為的現実）の区別を指摘しているが、現場の時間性はアクチュアリティのそれと共通する。

一方で、アブー=ルゴドが批判の対象とした「文化」とは、換言すると「これまでここではこのようにしてきた」という一般化された知識のシステムであり、木村のいうリアリティと重なる。アブー=ルゴドが正当に指摘したように、人間の生活はそのような「文化」で決定されない。しかしその意味での「文化」も現場に対して構成的であり、一概に「抗する」対象ではない。現場の行為者は「文化」の文脈に埋め込まれながらも、それを反省的に対象化してそれまでの「文化」を覆すような行為主体性《エイジェンシー》を発揮し得る。この契機によって「文化」はつねに変化へと開かれている。「これから」の契機に目を向けて見ると、現場では予測不可能性と、予測しなかったことが起きるという偶発性が経験される。現場の出来事とそこから派生する問題に直面して、人はそれへの対処が迫られる。つまり現場において人は「当事者」となる。ある問題への対処は、規定のルールに自動的に従うのではなく、多種多様な可能性のなかから時には賭けとして前例のないやり方で行わなければならない。これが現場での行為の即興性である。

「現場」という語には独特の「場所性」が含まれている。それは客観的な計測対象として、時間から切り離されて分節された「空間」とは違っている。現場とはそこで時間性も体験されるような、空間と時間が分節される以前の「場所」のことである。

現場は多くのファクターが多層的・複合的に関与して複雑性を帯びると共に、他に働きかけ、他から働きかけられる開放的相互性を特徴とする。現場はつねに特定的・具体的である。当事者は現場に身をもってかかわり、現場経験を通して何かを身をもって知る。その知は現場で実践する／生きていく上で力を発揮する知恵というべきものである。

現場で出会う他者は「生きた他者」である。抽象的なカテゴリーではなく、具体的な顔と名前のある人である。現場の他者はステレオタイプを裏切り、一方的に対象化されることを拒み、こちら側の視点に挑戦をして、揺さぶりをかけてくるような存在ともなる。現場の他者はこちら側の認識枠組みの中に収まりきらない「他性（alterity）」を備えている。

こうした現場にアプローチするために、エスノグラファーも身をもってそこにかかわる必要がある。現場の生きた姿を知るためには、事後的にそれを認識するのではなく、現場におけるアクチュアルな出来事の進行に入り込まなければならない。これが「参与観察（participant observation）」といわれていることの、現場論的な意味である。現場を人々と物事とが関係し合う状況として捉えるならば、参与観察とは、現場内在的＝関係内在的な姿勢を取るということである。それによってエスノグラファーは当事者たちと現場を共有することになる。

現場は理論をつねに超え出ている。現場を説明しきることができる理論は不在である。この理論の限界の自覚がエスノグラファーの基本姿勢である。既存の理論があてはまらないからこそエスノグラファーは現場に出かけて行くのである。

エスノグラフィーは現場での発見からスタートする。意外に思ったこと、謎、翻訳の難しい「現場語」、既存の理論では説明のつかない事象――エスノグラファーは現場感覚を働かせて問いを見つける。そしてその具体的な事象を通して、新しい理論的展望を開いていくのである。この点で、エスノグラフィーを「ある扉を開きその向こうに新しい風景を発見すること」に例えられよう。

エスノグラフィーは、具体と抽象、実証と理論のあいだでバランスを取りながら成立する。そのどちらだけでも不十分である。具体的な事象のディテールを描きながら、それを概念的なレベルで捉えて理論的な考察に結びつける議論の進め方がエスノグラフィーの特徴である。

対象とのかかわり方の点で、エスノグラファーの仕事はアルチザン（職人的アーティスト）と似ている。彫刻家、料理人、染色家などのアルチザンは、具体的な素材を前にして、その持ち味を発揮させるために腕をふるう。エスノグラファーにも現場で出会った事象＝素材を活かすことが求められる。調査方法や理論的概念はアルチザンにとっての道具のようなものである。エスノグラフィーにおいては、いかなる調査技法も理論も、事象を前にすれば従の位置づけとなる。もし一つの方法や理論を振りかざして事象の特性を殺すことになれば、下手な料理人と変わりがない。

ここでアブー‐ルゴドがナラティヴに着目したことを思い出そう。それは現場の特定性を描き出すための選択であった。それと共に、上で述べた現場の時間的特性――「これまで」を踏まえながら、予測不可能な「これから」に向けて何らかの対処をせざるを得ない現在的状況――自体が物語的であり、そのためにナラティヴは現場に迫るうえで適切なアプローチとなる（小田，2007 を参照）。

ここでナラティヴ・アプローチという時、現場の人々が語ったことを研究対象にすることだけを意味しない。むしろ現場で進行する出来事を、研究者の側がナラティヴに捉え表現することを想定している。エスノグラファーの側がナラティヴを実践する語り部となるのである。

現場の人は、ナラティヴの中に埋め込まれていながらナラティヴをつくり出し続ける、受動性と能動性の二重性を帯びた存在である。ここで想定しているのは、人はある物語の中の登場人物として生きながら、その物語を作者としてつくり出し続けるというナラティヴ論的人間観である。この二重性がからみあいながら生きたナラティヴは進行していく。その現場をつくり、現場でつくられるナラティヴにエスノグラファーがかかわり、それをナラティヴに捉え、自分自身のナラティヴへと織り込んでいくのである。

ではナラティヴとエスノグラフィーとを組み合わせる必然性はどこにあるのであろうか。エスノグラフィーの強みは事象の文脈を捉えることにある。事象をその文脈から抜き出すのではなく、それがもともと置かれていた文脈に位置づけること、つまり「文脈化」することがエスノグラフィーの特徴である。現場の出来事をその文脈をも含めて語ろうとするなら、ナラティヴとエスノグラフィーを組み合わせることが適切となる。

現場志向のエスノグラフィーは誰に向けられるのか。現場を生きる人の力となるような知見をもたらすエスノグラフィーは可能であろうか。これはエスノグラフィーのオーディエンス（受け手）に関する問いであるが、それと共にエスノグラフィー研究の応用に関する問いでもある。ある現場の出来事をナラティヴに捉え、その知見を、同じ問題に直面する別の現場に伝達するようなエスノグラフィーはこれから発展されるべき分野である。

2　他者との関係を語る

社会的実践の現場を捉え、伝えるためにナラティヴ志向のエスノグラフィーが有効であると述べた。ここでは他者との関係を結び直す現場におけるそのアプローチの実際を示していきたい。

⑴ リレーショナル・エスノグラフィー

古典的なエスノグラフィーが前提としたのは、他との境界が明白で、その内部で同じ文化とアイデンティティとが共有されており、時間の中で変化に乏しいといういわば「閉鎖系的な社会観」であった。しかし現実の社会は開放系である。他に対して開かれていて、その内部には差異とハイブリディティ（異種混淆性）とが刻印されていて、時間の中で絶えず変動し続けている。社会とは他者とかかわり、変動し続けるシステムである。ここで「他者との関係性」というテーマが浮かび上がってくる。これまでのエスノグラフィーが「一つの他者」を固定的に捉えて対象化してきたとすれば、新しいエスノグラフィーの方向性として、ある他者とその他者との関係性、換言すると、ある社会とその他者とのインターフェイスに焦点を当てることが挙げられる。

他者との関係性の局面で生じる事象として、出会い、接触、歓待、排除、紛争、和解、平和などがある。その実例として私は近年、現代ドイツにおける「教会アジール」について調査を行なってきた（小田，2008）。これはドイツのキリスト教徒を中心とする市民が、外国からやってきた「難民とは認められない難民」を強制送還から保護し、その合法的な在留資格取得を支援するという運動である。これはよそ者の歓待（＝迎えいれ）の実践である。

ところで、英語の動詞 relate には「（ものごとや人を）関係づける」という意味と、「（何かを）物語る」という二つの意味がある。これが示唆するのは、物語るということが、複数の事物や人を結びつけることに等しいということである。ナラティヴには物語る行為と、語られた物語の二つの意味があるが、前者の意味でのナラティヴは物事や人のあいだに関係性を見出す行為なのである。『ナラティヴ・セラピー』の著者マクネミーとガーゲンが、『関係的責任（Relational Responsibility）』という書物を著わして、関係論的視点を強調していることは偶然ではない（McNamee & Gergen, 1999）。ナラティヴ・アプローチとはリレーショナル・アプローチである。

この観点から、以下では、他者との関係を修復する実践である「和解」を取り上げてナラティヴ／リレーショナル・エスノグラフィーの実例を示したい。

(2) 和解の現場で

私は学部を卒業して大学院に入る一九八九年の春休みに北海道旅行をした。京都の舞鶴からフェリーで北海道の小樽まで行き、それからJRの鈍行で釧路へ、そしてアイヌ系の住民が多いという日高地方の二風谷を訪ねた。そこではアイヌ系のご夫婦が経営する民宿に泊まった。夕食後ご主人は私をリビングに招き入れて、いろいろな話を聞かせてくれた。その中でご主人は私の手の甲をつねって「つねった方は痛くないけど、つねられた方は痛みを覚えているんだよ」といった。「シャモ（和人）[1]」がアイヌに歴史の中で与えた痛みを、私にわからせようとしたのである。「シャモ」として他者化される経験と共に、その手の甲の痛みは私の内に刻み込まれることになった。

私はそれからドイツ留学を経て二〇〇一年から北海道大学で働くことになった。その一〇年以上の年月のあいだに多くのことが変わった。例えば私の個人的な側面では、一九九九年にあるNGO

の一員として旧ユーゴスラヴィアのコソヴォに行った。そこで紛争の傷跡を目の当たりにすると、「民族の違い」が人を突き動かし、時には凄惨な殺戮にまで至らしめるということを実感した。さらにアイヌに関するマクロな文脈の変化として、一九九四年に萱野茂氏が参議院議員に当選し、一九九七年には「北海道旧土人保護法」（一八九九年制定）が廃止され、「アイヌ文化振興法」がその代わりに制定された。二風谷に行って民宿のご夫婦と再会した。新法のことが話題になると、「それで何かが変わったという実感はない。アイヌの子どもの教育を支援してほしいが新法にはそれが含まれていない」といっていた。同じころ札幌市の画廊で、ある和人の男性が「アイヌは北海道の〝アンタッチャブル〟だから」というのを聞いて、強い違和感を覚えた。しかし札幌でアイヌの方と実際に接する機会は何年もなかった。

和解が自分の研究と実践のテーマとなるまでにまだ紆余曲折があった。二〇〇二年三月、フランクフルトの書店で、私は『われらの内なる他者』という新刊をみつけ手に取った（Bar-On, 2001）。著者はダン・バル-オンというイスラエルの社会心理学者である。パレスチナ紛争をテーマにしてナラティヴ・アプローチの視角から書かれていた。この本が私にどんな意味をもったのかは、別のところで語ったので繰り返さない（小田, 2006）。バル-オンはもともとナチ戦犯の子孫の研究をしていた（Bar-On, 1989=1993）。その延長で生まれたのが「自省と信頼のために（To Reflect and Trust）」というグループ・ワークであった。最初のグループはナチ戦犯の子孫八人とホロコースト生還者八人の計一六人からなり、彼らは互いに自分の人生の物語を語り、相手の物語に耳を傾けた。そしてその相互理解を基盤にして対話を行なった。その後このやり方を南アフリカ、北アイルランド、パレスチナなどより最近の紛争の当事者にも広げるようになった。バル‐オンによるとこのやり方がボトムアップな平和構築のプロセスにつながっていくのだという。ナラティヴには紛争の当事者間の関係性を変える力があるというのである。

その実際を知りたいと思い私は二〇〇三年夏にバル‐オンを訪ねることを計画した。しかしちょうどその時期、彼は研究休暇のためイスラエルには不在とのことであった。そのかわりとして浮上したのが「和平へのイスラエル・パレスチナ遺族の会（Israeli Palestinian Bereaved Families for Peace もしくは The Parents Circle – Families Forum）」であった。私は会の事務所に連絡を取り、四人のメンバーと現地で会うアポをとった。

西エルサレムの古いホテルを拠点に私は遺族の会の調査を行なった。バスの中での自爆攻撃で、一五歳の娘を亡くし、その娘が日記にしたためていた平和への意思を継いで活動をはじめたユダヤ系の母親。パレスチナ過激派によって息子を拉致・殺害され、「イスラエルとパレスチナのあいだに平和がないから息子は殺された。子どもを二度と失わなくても済むように平和のために全力でとりくもう」とビジネスマンとしてのキャリアを捨て遺族の会を立ち上げたユダヤ系男性。

この会にはパレスチナ系のメンバーもいる。その一人と東エルサレムのホテルで面談できるよう、遺族の会事務局がアレンジしてくれていた。顔を合わせた時、ヨルダン川西岸のある村からきたB

さんはやや怒っていた。私との面談のために村役場の仕事を休んで、苦労して検問を潜って来なければならなかったのだ。この男性の弟はイスラエル軍の攻撃で殺害された。最初は報復を考えたが遺族の会の呼びかけに応じて和解のために働くことになった。その理解が家族の中でも得られず、妻から「あなたはイスラエルの協力者なの」といわれた時はつらくて涙がこぼれたという。

このBさんから日本のテレビ局（NHK）が遺族の会の取材に来るよと聞いた。私はこの時の調査ではグループ活動の現場に参加する機会を得ることができなかった。グループ活動の一つとして行なわれているものが、パレスチナとイスラエルの遺族が集まって互いの経験を語る「対話集会」である。実はこの集会のコンセプトにはバル-オンの影響があるのだと事務局長のFさんから聞いた。

そのNHKの番組（NHKスペシャル「イスラエルとパレスチナ遺族たちの対話」）は二〇〇四年三月二七日に放映された。その番組に対話集会の実際が収録されていた。その集会には二三人が参加していた。全て紛争によって肉親を失ったイスラエル人かパレスチナ人である。一人ひとりが肉親を亡くした時のことを語ってゆく。その個人的な経験の語りを聴くことで、互いのステレオタイプな他者像（「パレスチナ人＝テロリスト」「イスラエル人＝侵略者」）がゆらぎ、互いを〝人間として〟みるプロセスが動きはじめる様子がまさに映し出されている。集会の最後に、会の代表で自らも息子を殺されたHさんがこう語る。

「私たちはいつも紛争になると〝イスラエル側〟〝パレスチナ側〟といういい方をします。私は〝第三の側〟をつくることを提案します。〝第三の側〟は私たちです。私たちは双方をつなぐ側の代表です。私たちはみな痛みをもつ兄弟です。私たちはみな苦しみをもつ兄弟です。」

ナラティヴの現場では新しい関係性が生じる。私たちは人の話に引き込まれた時、「時が経つのを忘れる」とか「われを忘れて聴き入った」という実感をもつ。人の話に「引き込まれる」という表現と、非線形システムにみられる「引き込み（entrainment）」現象（清水，1990）とは違ったことではない。ここでは、物語を語り／聴く人々のあいだで生じる「物語的引き込み（narrative entrainment）」によって、他者像の根本的な変化がみられることに注目しておきたい。遺族の会の対話集会のケースにおいて、最初は互いに「イスラエル人＝侵略者」、「パレスチナ人＝テロリスト」といったステレオタイプ化されたネガティヴな「他者」像を抱いていた。ところが互いの物語を聴いた後では、それが具体的な名前と顔を持ち、自分たちと変わらぬ感情のある〈他者〉へと変わった。そして、それに伴ってHさんが「第三の側」と呼ぶ、新しい関係性が生まれたのである。これは当事者たちにとって「和解」の体験であろう。それは「パレスチナ問題の解決」といったような「大文字の和解」ではない。またそれでイスラエルによるパレスチナの占領のような構造的問題が解決されるわけでもない。ほんの小さな湧き水である。だが大河も小さな湧き水からはじまる。

私が北海道という足もとの問題にかかわるようになるまでに時間がかかった。二〇〇六年にテッサ・モーリス-スズキ氏の市民主催講演会の企画が立ち上がった。モーリス-スズキ氏は『辺境から眺める』（2000）でアイヌの歴史に関して斬新な視点を提起したオーストラリア国立大学教授である。その実行委員会の席上で、私はアイヌ系の女性Oさんと知り合った。Oさんはご主人と共に札幌におけるアイヌの権利回復運動の先駆けとなってきた方である。このOさんを通してアイヌ民族の方々との面識が広がっていった。北大に赴任したころは、北海道出身の和人はアイヌとも身近に接しているのだろうと思っていた。しかしその予想は違っていた。二〇〇七年度の学部学生向け講義で、Oさんに講演をしていただいた。その感想を約八〇人の受講学生に書いてもらったところ、ほとんどの人が「実際にアイヌの人から話を聞くのは初めてだった」と書いた。道出身の学生の場合は「北海道で生まれ育ったにもかかわらず」と前置きがつくのであった。

この未接触の裏には、和人の側の現代のアイヌへの無関心があると共に、「アイヌ」と名乗ることを避けるアイヌが少なからずいることがだんだんとわかってきた。それは構造的な問題である。多くのアイヌ系の北海道住民は、いじめや差別をおそれて「アイヌ」であることを隠している。アイヌ民族の最大規模の組織が、一九六一年に「北海道アイヌ協会」から「北海道ウタリ協会」へと改称したのは、「アイヌ」という言葉を使うことによる「入会時の心理的抵抗軽減の理由から」であったという。(2)

北海道が「北海道」と呼ばれて「開拓」されたことが、アイヌにとってどういうことであったのか、和人のあいだでそのことに思いをめぐらす者は少ない。北海道には現代でも植民地的状況が継続している。一方で、それに抗して別の歴史を掘りおこし、語り伝えようとする動きもまたある。高橋三枝子による『北海道の女たち』（高橋，1976）とその続編（高橋，1981）はその実例である。これは北海道の農漁村で生きてきた女性たちの人生の聞き書きである。一冊目ではまずアイヌの女性たちの語りが収められ、その後で和人の女性たちが取り上げられる構成となっている。その冒頭で高橋はこう書いている。


北海道の歴史といえば、この屯田兵の入殖からスポットを当てられる場合が意外と多い。私もその例外ではなかった。

血と汗と涙で、未開の北海道を伐り拓いてきた女たち、この女たちの軌跡を掘りおこしてゆくなかで、先住民のアイヌの女たちの歴史を通りすぎていってよいものだろうかと躊躇った。といっても問題がないわけではなかった。何よりも「侵略者が、被侵略者の歴史を、どのような観点に立って書くのか」という先達のことばが、背後につきささっていた。

ながい逡巡の刻が過ぎていった。（高橋，1976）

高橋はその逡巡を越えて、一〇人のアイヌ女性のライフストーリーを書き留めることになった。五年後に出版された続編ではアイヌ女性だけが取り上げられた。その最後に「特別寄稿」としてある中学生の作文が原稿用紙に肉筆の形のままコピーされて収録されている。それは竹内公久枝さんが十勝地方で中学一年の時に書いたもので「差別」と題されている。

私はこの作文の中でみんなに言いたいと思います。みんなは人権というものが、ほんとうにわかっているのだろうか？　ということをです。（中略）もとはといえば、小学校一、二年の時の先生が、私が学校を休んだ日にクラスの人たちに、「竹内は、アイヌだ」とおしえたことがきっかけで、私はみんなにいじめられ、ひっこみじあんになってしまい、仲間はずれになってしまいました。（竹内, 1981）

二〇〇八年の初頭、私が担当する授業に、Oさんが一人のアイヌ女性を連れてきた。Oさんはその授業を聴講して下さっており、いわば後継者としてHさんを連れてきたのである。Hさんの話を聞いているうちに、中学生の頃書いた作文の話題が出てきた。もしやと思い確かめてみると、やはりこの目の前にいる人が「差別」の筆者であった。結婚してHさんとなった彼女は、Oさんのもとでアイヌ刺しゅうの技術を学び、また北海道大学アイヌ・先住民研究センターの研究員となって勉強をはじめようとしていた。

日高地方はアイヌ民族が多く住んできた豊かなところである。その静内にシャクシャイン像がある。これは江戸時代、松前藩の圧政に立ちあがったアイヌのリーダーを顕彰するため一九七〇年に建立されたものである。それと同じ敷地にシャクシャイン記念館がある。二〇〇八年の夏にここでアイヌ民族の復権を目指すあるグループの集会が開かれた。私もOさんHさんらと共に札幌から参加した。初日にはカムイノミ（神に対する儀礼）やイチャルパ（供養祭）の後、アイヌの先住権について二〇人以上の参加者の間で議論が行なわれた。

この日の夜は酒を酌み交わしながら会話が続いた。その時、四〇歳代前半のある和人女性がHさんに、「私はあなたと同じ小中学校に通いました。私はあなたより一学年上だったのではないでしょうか。父が教師でした。もしかしたらあなたのお姉さんの担任だったかもしれません。謝りたいことがあります。あなたがたがいじめられていることを知っていたのに止めることができませんでした」といった。Hさんは「まだいじめてくる人の方がましだ。やり返すことができるから。私が嫌いなのはそれを横で見ていただけのあなたたちです。許すことはできません」と返答した。「和解」は成り立たなかった。続いてHさんの口を通して語られたいじめと差別の体験はすさまじいものであった。学校のなかでは、言葉でからかわれるだけに留まらず、給食の牛乳パックを投げつけられる、下敷きに唾が吐きかけられる、弟にいたっては足をもってモップのように廊下を引きずられる。「放課後、弟が鉄道の上にかかった橋にたたずんで下を見ていた。死にたいんだなーと思った。」先に紹介したHさんの作文が表彰されると、「アイヌのくせにいい気になるなよ」といわれ、いじめは余計ひどくなった。先生もそのいじめを止めようとしなかった。いじめは学校の中だけに留まらなかった。地域の商店で買い物をすると、釣り銭は「投げてよこされた」。お釣りが手渡しされるものだと知ったのは、中学校を出て仕事で行った三重県でのことであった。また地域の靴屋や服屋では試着をさせてもらえなかった。「あんたが身につけたものを他の客が買うと思うのか」と店の人はいった。こうなると「いじめ」という言葉は当たらない。地域社会での「人種差別」といった方がよい。成人して札幌に出てきてからもコンビニで立ち読みしていると、それを見かけた客が店内に入ってきて「なんであいつに読ませているんだ。俺が欲しかった雑誌なのに。あいつが触ったものを買えるか。止めさせろ」と店員に文句をいった。Hさんと顔見知りの店員にもかかわらず「はい、止めさせます」と卑屈にいった。

傍観者とは、自分がその出来事に影響を与えられるのに、「私には関係がない」という位置を選んで眺める人々のことである。いじめや差別からホロコーストにいたるまでの人権侵害は、直接の加害者だけでなく、こうした多数の傍観者がいてはじめて成り立つものである。その点で傍観者も加害者である。Hさんは傍観者の罪を告発している。

「私に関係がある」と捉えるとは当事者性の自覚である。傍観者が当事者に変わるために、自己と他者とを関係づけるナラティヴの力を用いることができないであろうか。人種差別を成立させている社会構造には、被害者の声《ナラティヴ》を抑圧するという仕掛けが組み込まれている。アイヌモシリ（人間の静かな大地）／北海道において、アイヌのナラティヴを公の場で聴くということ自体がほとんど行われていない。

前述の静内での集まりの二週間前に、札幌で国際シンポジウム「市民がつくる和解と平和」が開催された。(3) その目的は、植民地支配や戦争によって傷つけられた人々のあいだの関係性を修復する「歴史和解」に、市民がどのような役割をもっているのかを議論することであった。テッサ・モーリス-スズキは、アボリジニに対するオーストラリア政府の謝罪を例に引きながら「効果のある謝罪」の条件として、被害者の声を時間をかけて聴くことを挙げた。また中国人弁護士の康健は、日本各地で闘われている中国人強制連行裁判の一つの意義として、法廷という公の場での被害者の証言を通して強制連行の実態が明らかになったことを挙げた。シンポジウムに先立つ企画で「女たちの戦争と平和資料館」の渡辺美奈は、元日本軍「慰安婦」の公聴会の必要性を訴えた。そういえば南アの真実和解委員会の意義は、アパルトヘイト被害者に公に証言の機会を与えるということであった。

このシンポジウムの事務局長を務めた私は、当初「和解とは歴史の傷を癒すこと」だと表現していた。しかし、Hさんをはじめとする様々な人とのやり取りのなかで、「和解の前提は歴史の傷口を開くこと」だと考えるようになった。傷口を開いて突き刺さっているトゲを抜かなければ、癒すという段階には進まない。トゲを抜かないまま傷口を縫い合わせてしまったら、他人から見て傷は隠されても、中ではかえって化膿がひどくなってしまう。それは見せかけの和解でしかない。歴史の傷口を開くとは、被害者の声《ナラティヴ》をよく聴き、被害の実態を公の記録に留めて社会で共有していくことである。そして和解は、「加害者」がその声に誠実に応えていくことで実現され得るのであろう。アイヌ民族に関してその作業はまだほとんどなされていない。そのとき紛争地とは違う、コロニアルな状況の特異性――直接的な加害者―被害者関係が明白ではなく、その関係性がより構造化、不可視化される傾向――を考慮に入れなければならない。そのあらわれが和人側の当事者意識の希薄さと傍観者性の強さである。その構造を揺り動かし、「日本人」（それは北海道に住む「和人」だけに留まらない）に自分が当事者だと気づかせるためにナラティヴという資源はどれほど有用であろうか。その実践的検証はこれからの課題である。

ところで、ヴィム・ヴェンダース監督の映画「ベルリン天使の詩」（一九八七年）に、一人の興味深い人物が登場する。ベルリン国立図書館にホメロスと名づけられた老人がいる。かつての叙事詩の時代と違い、現代のベルリンでこの老いた語り部に耳を傾ける者はいない。それでもホメロスは物語を模索し続ける。

誰ひとり平和の叙事詩を　まだうまく物語れないでいる
なぜ平和だと誰も高揚することがなく　物語が生まれにくいというのか
あきらめろだと？　私があきらめたのでは人類は語り部を失う(4)

しかしホメロスが図書館から出て旅をしたならば、世界のいたるところで平和の現場に出会うことであろう。歴史の傷を修復しようとする人々の営為を発見するであろう。そしてそれを物語《ナラティヴ》にして語り伝えるであろう。ナラティヴを志向するエスノグラファーはホメロスを継ぐ者である。

注

（1）アイヌとの対比で日本社会のマジョリティを指すときに「和人」、アイヌ語の「シャモ」「シサム」ときに「日本人」が使われる。

（2）「社団法人　北海道ウタリ協会」ウェブサイト―「私たちについて」http://www.ainu-assn.or.jp/about05.html（二〇〇八年八月一四日参照）

（3）シンポジウム・ウェブサイト：http://www13.ocn.ne.jp/~hoda/reconciliation.html

（4）字幕翻訳：池田信雄、池田香代子、柴田駿

参考文献

Abu-Lughod, L. (1991) Writing against Culture, *In Recapturing Anthropology*. R. G. Fox (ed.), pp. 137-162. School of American Research Press.

Bar-On, D. (1989) *Legacy of Silence: Encounters with Children of the Third Reich*, Harvard University Press.＝(1993) 姫岡とし子訳『沈黙という名の遺産―第三帝国の子どもたちと戦後責任』時事通信社

Bar-On, D. (2001) *Die "Anderen" in Uns: Dialog als Modell der interkulturellen Konfliktbewältigung*. edition Kölber-Stiftung.

Flick, U. (1995) *Qualitative Forschung*, Rowohlt.＝(2002) 小田博志他訳『質的研究入門』春秋社

木村敏（1994）『心の病理を考える』岩波書店

Malinowski, B. (1922) *Argonauts of the Western Pacific*. Routledge and Kegan Paul.=(1967) 寺田和夫・増田義郎訳『西太平洋の遠洋航海者』(世界の名著59) 中央公論社：pp. 55-342
McNamee, S. & Gergen, K. J. (1999) *Relational Responsibility*：*Resources for Sustainable Dialogue*, Sage.
テッサ・モーリス-スズキ (大川正彦訳) (2000)『辺境から眺める―アイヌが経験する近代』みすず書房
小田博志 (2006)「ナラティヴの断層について」江口重幸・斎藤清二・野村直樹編『ナラティヴと医療』金剛出版：pp. 49-69
小田博志 (2007)「ナラティヴと現場性」日本保健医療行動科学会年報22: pp. 27-37
小田博志 (2008)「難民―現代ドイツの教会アジール」春日直樹編『人類学で世界をみる』ミネルヴァ書房：pp. 149-168
小田博志 (2009)『「現場」のエスノグラフィー―人類学的方法論の社会的活用のための考察』国立民族学博物館『調査報告』85：11-34
清水博 (1990)『生命を捉えなおす―生きている状態とは何か 増補版』中央公論社
高橋三枝子 (1976)『北海道の女たち』北海道女性史研究会
高橋三枝子 (1981)『続・北海道の女たち・ウタリ編』北海道女性史研究会
竹内公久枝 (1981)「差別」高橋三枝子『続・北海道の女たち・ウタリ編』北海道女性史研究会：pp. 291-306

第二章　オルタナティヴとしてのリフレクティング・プロセス
ナラティヴ・アプローチへのシステム論的処方箋

矢原隆行

故（夫）れ分かつとは分かたざる有り、弁ずるとは弁ぜざる有り。曰わく、何ぞや。聖人はこれを懐にし、衆人はこれを弁じて以て相い示す。故に曰く、弁ずるとは見ざる有りと。

『荘子第一冊［内篇］』岩波書店（金谷治訳注）

おそらく本書に含まれる各論述自体もその例証の一部となるであろうように、近年さまざまな領域において、さまざまなやり方で「ナラティヴ」をキーワードとした研究や実践が展開されている。きわめて多岐にわたるそれらの全貌について言及することは、筆者の力量の及ぶところではないし、ここで企図するものでもない。筆者が本章において試みることは、システム理論の視座からナラティヴ・アプローチの／におけるオルタナティヴとしてリフレクティング・プロセスのいくつかの可能性を提示すること、そして、そのプロセスを通してナラティヴ・アプローチの観察の観察を遂行することである。誤解を恐れずに言えば、そこで志向されるのは、ナラティヴ・アプローチをナラティヴから解放することにほかならない。

1 ナラティヴ・アプローチの観察

やまだようこは、広範な学問領域におけるナラティヴ・ターン（物語的転回）を整理するなかで、物語の定義として、①時間的シークエンスを重視する定義、②構造（始まり—中間—終わりなど）を重視する定義、③生成的機能を重視する定義、の三つを挙げつつ、①および②については、「それは西欧語の言語体系の特徴と連動しており、物語の編み方のひとつにすぎないと思われる」として、やまだ自身による③の定義、「2つ以上の事象をむすびつけて筋立てる行為」という定義を本質的に重要なものと位置づけている（やまだ, 2006）。二つ以上の事象を「むすぶ」ことによる生成的な働きに焦点を置いたこの定義は、「おはなし＝ストーリーとは、関連 relevance という名で呼ばれる繋がりの糸が集まってできたものだといえる」というG・ベイトソン（Bateson, 1979＝2001）による定義にも重なる、おそらく最も基本的な物語概念の定義の一つだろう。

複数の事象をむすび、繋ぐものとしての物語という定義は、しかし、それがあまりに基本的であるがゆえに、あらゆる因果的説明や科学理論もまた、その一ヴァージョンとしてそこに含み込まれることとなる。(1) では、あらゆる論述が物語であるとして、そこであえてナラティヴ・ターンといい、ナラティヴ・アプローチと称することから得られる認識利得とはどのようなものか。続く説明で、やまだは、「物語アプローチでは、多様な語り、多様なイメージ、多様な物語の同時共存を許容している」(やまだ, 2006) と述べ、そこから導かれる、「世界についての新たな別の見方を生み出す生成性と、それによって未来のものの見方や人生を変革していく実践性」(同上) をナラティヴ・アプローチの大きな強みであるとしている。

おそらく、ナラティヴ・アプローチと呼ばれる多様な議論のほとんどは、以上のような説明に何らかの形で重なり合うものだろう。ここで、以下の議論の手がかりとするために、上記のやまだによる説明のエッセンスについていくらか分析を試みよう。まず、ナラティヴ・アプローチの強みとして述べられた「生成性」と「実践性」であるが、この二つは相互に密接に関連しつつも、前者は、世界についての多様な見方が生み出されるような「語り」に焦点化した「研究方法としてのナラティヴ・アプローチ」において、後者は、新たな世界の見方、「語り方」を通した現実の変革に焦点化した「臨床実践としてのナラティヴ・アプローチ」において、その中心的な意義として見出される特性といえるだろう。

また、やまだによる説明において、「世界についての新たな別の見方」、「未来のものの見方」と述べられる時、繰り返し用いられている「見方」という表現からは、ナラティヴ・アプローチがナラティヴを手がかりにして何者かによる世界の「観察」のあり方に注目する方法であることが見てとれる。この点について、野口裕二は、さらに明確に「現実は言語的共同作業によって構成されると同時に、ナラティヴという形式によって影響される」（野口, 2005）というナラティヴ・アプローチと社会構築主義（social constructionism）[2]を統合する立場に依拠することを宣言している。いうまでもなく、社会構築主義とは、現実を人々の言語的かつ社会的な営みによって構成されたものと見なす立場であり、それに依拠した研究や実践においては、人々による何らかの事象についての「観察」のあり方に焦点が置かれることになる。

ここまでの分析においてすでに導入されている「観察」という概念について少し敷衍しておこう。以下の議論においても枢要となるこの「観察」という概念について本章の依拠するところはN・ルーマンによる社会システム理論である。ルーマンにおける観察概念は、「区別と指し示しの操作」（Luhmann, 1990）といういきわめて形式的な定義を出発点としており、その概念としての汎用性は非常に高い（実際、何かを観察する際には、その何かを指し示さねばならないし、何かを指し示すためには、それを他のものから区別せねばならない）。また、一見シンプルなこの概念は、以下の本章における議論の構成からも理解されるであろうように、十分に複雑なものでもある（なぜなら、何らかの観察について語ろうとするならば、観察という事態を観察せねばならないから）。

さて、以上のナラティヴ・アプローチをめぐる分析と「区別と指し示しの操作」としての観察概念の導入を踏まえ、具体的なナラティヴ・アプローチのあらわれについていくつかの類型を見出すことを試みよう。ここでは、その大雑把な整理のために、先の分析から導かれる二種の区別を用いる。一つは、ナラティヴ・アプローチの強みとして述べられた「生成性」と「実践性」から導かれる〈学的観察／臨床的実践〉という区別。もう一つは、ナラティヴを通してさまざまな「見方」に注目するナラティヴ・アプローチの方法から導かれる〈観察される観察者の観察／観察者する観察者の観察〉という区別である。[3]

一つめの区別については、特に説明を要しないだろう。それはナラティヴ・アプローチに基づく個々の試みがおもに何を目的としているかに着目した区別で、一方には、ナラティヴ・アプローチを何らかの実践的なプロジェクト（セラピーやソーシャルワーク、医療など）に応用する試みがあり、他方には、アカデミックな領域における社会構築主義的な調査研究や物語論の理論研究の試みがある。

もう一つの区別は一見複雑だが、おもにいかなる方法がそこで用いられているかに着目したものである。ナラティヴ・アプローチが何らかの物語や語りに注目するというとき、そこで観察されているのは、何者かによる何らかのものの見方（＝観察）であった。当然のことながら、この時そこには何者かによってなされている観察と、その観察をまなざす別の観察（＝観察の観察）とが存在している。すなわち、一方には、第一義的に観察される者であるような観察者（ナラティヴ・セラピーにおけるクライアントや、社会問題の構築主義的研究におけるクレイム申し立て人など）がなす観察があり、他方には、第一義的に観察する者であるような観察者（ナラティヴ・セラピーを行うセラピ

	学的観察	臨床的実践
観察される観察者の観察	Ⅱ	Ⅰ
観察する観察者の観察	Ⅲ	Ⅳ

図2－1　ナラティヴ・アプローチの四象限

ストやソーシャルワーカー、医師、ナラティヴ・アプローチを用いた経験的研究を行う社会学者など）がなす観察がある。そのいずれも一定の見方、語り方としてナラティヴ・アプローチの対象となり得る。

以上の二種の区別を交差させることにより、ナラティヴ・アプローチの多様なあらわれについて整理するための目安となる四象限図式が得られる。これまでの各区別の説明から推察されるであろうように、例えば、第一象限には、ナラティヴ・セラピーにおけるクライアントの語りに着目した臨床実践などを、第二象限には、経験科学的研究手法として調査対象者の行う語りに着目した質的研究などを、第三象限には、研究者自身による当該研究へのラディカルなリフレクシヴィティをめぐる記述などを、第四象限には、セラピーやソーシャルワークの実践を行う側の前提を自ら問い直すような試みなどを読み込むことも可能だろう。

無論、いずれの実践や研究も、個々に広がりを持ち、それをまなざす視点次第で多面性を有するものである以上、いずれかの象限に収まりきるようなものではない。ゆえに、この図式はあくまで理念型として捉えられるべきである。しかし、そうであるからこそ、こうした整理を手がかりとしてナラティヴ・アプローチの現在をめぐるいくつかの物語を導き、それを繋げつつ、新たな物語をのぞむこともできる。次節では、ナラティヴ・アプローチの隘路を指摘する諸議論が、ナラティヴ・アプローチのどのような側面を指し示すものであるのか、また、そうした身振りがどのような場所に降り立つものなのか見ていこう。

2　ナラティヴ・アプローチの隘路

ナラティヴ・アプローチと呼ばれる研究や実践が国内でも徐々にその存在感を増すなかで、ナラティヴ・アプローチに対する批判もまた、時に断片的に、時に網羅的になされ始めている。学的観察の領域でいくらか視野を広げてみるならば、歴史学の領域における「歴史修正主義論争」や、社会問題の構築主義における「オントロジカル・ゲリマンダーリング問題[4]」などについても、そのナラティヴ・アプローチとのかかわりを論ずべきところであろうが、本章にその余地はない。ここでは、本章の企図に照らし、特に臨床的実践の領域におけるナラティヴ・アプローチに対して指摘されている隘路について見ていこう。無論、臨床的実践の領域に限っても、それについてなされている隘路の指摘は多様なのだが、そこにはある種の差異と共通性とを見出すこともできる。あらかじめ先取りしていえば、それは〈ドミナント／オルタナティヴ〉という差異の共通性である。

まず、それらの隘路の一つめの類型を「オルタナティヴのドミナント化をめぐる隘路」と名づけよう。それは、K・J・ガーゲンが、「『再著述』や『語り直し』は（それは第一次的治療アプローチだが）、機能不全を生じている支配的な語りを、より機能的な語りへと取り替えるようにみえる。しかし、同時にこの結果は視野の硬直化の種をもたらす」（Gergen, 1994）と指摘し、野口が、「自分がやっとの思いで手に入れた『オルタナティヴ・ストーリー』が新たな抑圧の道具に転化する可能性」（野口, 2005）と述べているものである。周知のように、M・ホワイトやD・エプストンらの「物語の書き換え療法」として知られるの狭義のナラティヴ・セラピー（White & Epston, 1990＝1992）においては、クライアントを支配していたドミナント・ストーリーを「新たな物語」であるオルタナティヴ・ストーリーに書き換え、語り直すことが臨床的実践の方法として行われるのだが、オルタナティヴ・ストーリーもやはりストーリーに過ぎない以上、それに拘束されてしまうならば、それがドミナントなものとなるのではないか、という指摘である。

こうした指摘は、臨床的実践の領域において「観察される観察者」の側に生じる「視野の硬直化」や「抑圧」に照準したものであることから、先に示した図2-1の四象限図式を用いるならば、Iの象限内部における〈ドミナント・ストーリー／オルタナティヴ・ストーリー〉という区別に依拠した観察といえる。そこでは、当該区別自体は維持されつつ、オルタナティヴとされたストーリーがドミナントの側に転化する危険性が、ナラティヴ・アプローチの隘路として指摘されている。

すなわち、オルタナティヴもまたドミナント化するのではないか、と。

次に、臨床的実践の領域におけるナラティヴ・アプローチの隘路の二つめの類型を「〈ドミナント／オルタナティヴ〉という区別のドミナント化をめぐる隘路」と名づけよう。例えば、加茂陽・大下由美（2003）は、ソーシャルワーク実践の視座からホワイトらによる臨床実践を吟味するなかで、「ナラティヴ・モデルの自己矛盾」について次のように指摘している。「対人援助を治療と定義づけることの正当性は時代のドミナントな言説によって支えられている。治療者はその言説によって支えられ治療場面のストーリーを作り出す。ところがナラティヴ・モデルは言説の現実定義力に対抗することを戦略目標とするため、時代の支配的言説である治療思想に基づいた実践を行うことは自己矛盾となる」（加茂・大下，2003）。また、山田陽子（2007）は、「心」をめぐる知のグローバル化について詳細に検討を進めるなかでナラティヴ・セラピーに言及し、次のように結論付ける。「ナラティヴ・セラピーは、自己を物語るという行為を支持することによって、自己が物語りうる存在であるという物語を強化している」（山田，2007）。

以上の二つの指摘は、それぞれの置かれている文脈も議論における焦点もずいぶん異なるものの、先に見た一つめの隘路の指摘以上に根本的なナラティヴ・アプローチに対する批判といえるだろう。一見異なる両者に共通しているのは、以下のようなパターンである。そこでは、先にも紹介したホワイトらの「ドミナント・ストーリーによる拘束から、新たな語りを通したオルタナティヴ・ストーリーの生成へ」という臨床的実践について、そこに〈ドミナント・ストーリー／オルタナティヴ・ストーリー〉という二分法図式を見出したうえで、そうした区別にもとづく臨床的実践自体が、「時代の支配的言説である治療思想」に支えられていたり（加茂・大下，2003）、「自己が物語りうる存在であるという物語」を再生産していたり（山田，2007）するという指摘がなされる。端的に言えば、そこで指摘されているナラティヴ・アプローチの隘路は、〈ドミナント・ストーリー／オルタナティヴ・ストーリー〉という枠組自体が孕むドミナント性であるといってもよいだろう。

ただし、すぐに気づかれるであろう通り、これはある種オートロジカルな事態でもある。[5] そこでは、たしかにある種のナラティヴ・アプローチが孕むドミナント性の指摘がなされているのであるが、まさしくそのような指摘自体が〈ドミナント／オルタナティヴ〉という区別を反復する形で行われている。念のため、先に示した図2-1の四象限図式を用いてさらに詳しく見ておこう。両者は、ホワイトらの「観察される観察者の観察」にもとづく「臨床的実践」（＝I）について、そこでは不可視化されている「観察する観察者」としてのホワイトらの視座が、その実践を通して「時代の支配的言説である治療思想」や「自己が物語りうる存在であるという物語」をパフォーマティヴに物語っていると指摘し（＝IVの示唆）、そのことにより、ホワイトらの実践自体を「観察される観察者」として「学的観察」（＝II）の対象としている。そして、この瞬間、まさにこれらの論者自身の語りを通して〈ナラティヴ・セラピーの実践が孕むドミナント・ストーリー／それに対抗するオルタナティヴ・ストーリー〉という区別が生み出されるのである。[6]

以上の整理を踏まえる時、ナラティヴ・アプローチの意味空間は、それに対する批判をも含めて、

〈ドミナント／オルタナティヴ〉という区別のもと、ある種のシステムとして完結しているように見える。このことは、当該空間における〈ドミナント／オルタナティヴ〉という区別（および、それにもとづく観察）の一定の強力さを示すものであろう。だが、逆に言えば、そのことは、ナラティヴ・アプローチの意味空間が〈ドミナント／オルタナティヴ〉という区別のもと、その可能性の一側面についてのみ論じられており、他なる区別、他なる観察の可能性について、その性能が未だ十分に吟味されていないということを意味してもいる。

以上のような認識を踏まえ、以下の議論において筆者が企図するのは、ナラティヴ・アプローチの意味空間への新たな差異の導入である。それは、〈ドミナント／オルタナティヴ〉という区別に対するオルタナティヴを位置づけることではなく、そうした既存の区別を再定式化し、組み入れることが可能であるような新しいゲームを始めることである。それは、いわばナラティヴ・アプローチの四象限に新たな橋を架ける試みといってよい。以下では、そうしたナラティヴ・アプローチの／におけるオルタナティヴとしてリフレクティング・プロセスが切りひらく可能性について見ていく。

3　リフレクティング・プロセスの概要

国内でも広義のナラティヴ・セラピーの三潮流の一つとして紹介されることの多いリフレクティ

ング・プロセスについては、すでにある程度の認知はなされていると思われる。しかし、ホワイトやエプストンに代表される「物語の書き換え療法」として知られる狭義のナラティヴ・セラピー（White & Epston, 1990＝1992）とは区別され、H・グーリシャンやH・アンダーソンの会話モデル（Anderson, 1997＝2001）とともに「コラボレイティヴ・アプローチ」と呼ばれることもあるそれは、管見の限り、ナラティヴ・アプローチをめぐる国内の諸議論において、その固有の理論的可能性について焦点をあてられることは、これまでほとんどなかったといってよい。いわば、それはナラティヴ・アプローチについてのドミナントな語りの陰に隠れた別のストーリーであるが、同時に、それはナラティヴ・アプローチの意味空間を大きく切りひらくような試みでもある。本節では、以下における議論のために、その概要を紹介しておこう。

提唱者であるノルウェーの精神科医T・アンデルセンによれば、リフレクティング・プロセスが実際の臨床の場で誕生したのは、一九八五年三月のことである。この日、一人の若い医師が、長きにわたる悲惨な状況の中で、他のことが考えられなくなっている家族との面接を行っていた。だが、アンデルセンらから医師への再三にわたる指示にもかかわらず、面接室の様子は好転しない。そこで、彼らは、面接室のドアをノックし、その家族らにしばらく自分たちの話を聞いてみたいかどうか尋ねた。(7)

我々の一人が、自分たちは彼らの会話にとって役立つかもしれないいくつかのアイデアを持っている、と話した。「もし興味がおありなら、」彼は言った。「あなたがた御家族とドクターは、そのままこの部屋で座っていらっしゃってください。この部屋の灯りを落とし、私たちの部屋の灯りを点けます。そうすると、皆さんは私たちを見ることができ、私たちからは皆さんを見ることができなくなります。音声も切り替えられますので、皆さんには私たちの声が聞こえ、私たちには皆さんの声が聞こえなくなります」。(Andersen, 1991)

こうしてワンウェイ・ミラーを切り替えてのアンデルセンらによる話し合いと、その様子の家族らによる観察が終わった後、ふたたび切り替えられたミラーの向こうの家族たちの様子は、それまでとは大きく異なるものだった。彼らは、短い沈黙の後、互いに微笑みながら楽観的に話し始めたのである。こうして誕生した新たな形式は、それにかかわったすべての人々(家族や面接者も含め)に気に入られ、「リフレクティング・チーム」として広く知られるようになる。リフレクティング・チームの人数や、リフレクティング・プロセスの手順、形式といったものは、その当初より比較的柔軟であり、アンデルセン自身、後年にはさらに多様な文脈における応用可能性を指摘してもいるが(Andersen, 1995)、その基本的な流れは次のようなものである。

(1) 面接者は、リフレクティング・チームから独立した形で家族と会話を行い、その会話(面接システム)をリフレクティング・チームが観察する(チームは一人から四、五人で構成され、面接者のみという場合もある)。
(2) 都合のよい時点でリフレクティング・チームからいくつかのアイデアについて話す準備があることが伝えられる(面接システムは、それを聞きたいかどうか、それをいつ聞くか決めることができる)。
(3) リフレクティング・チームがその観察において生じたアイデアについて会話し、面接システムは、そのやりとりを観察する(面接システムにおける会話以外の文脈に属するようなことはリフレクトせず、またネガティヴな含意は与えない)。
(4) リフレクティング・チームによる会話をふまえて、面接システムが会話する。
(5) 以上のプロセスを一回~数回反復する(ルールとして、つねに面接システムが最終的なコメントを行う)。

率直にいって、そこでなされた変革は、「ドミナント・ストーリーの脱構築」(ホワイトやエプストン)といった洗練された技法でも、「無知の姿勢」(グーリシャンやアンダーソン)といった深遠なスタンスでもなく、「二つの部屋の灯りと音声を切り替えてみる」というきわめてシンプルな試みにほかならない。しかし、この一つの試みにおいて生成された差異は、その当事者であった人々にとって有効な諸差異を生み出したと同時に、この試みがなされる以前とそれ以降のセラピーの歴史に画期的な差異を生み出した。さらにいえば、その試みは、他のナラティヴ・セラピーの諸潮流とも一線を画するような新たな臨床的（および学的）コミュニケーションの可能性を見出し得るような差異をも孕んでいる。以下では、そうしたリフレクティング・プロセスの理論的含意について、やはりN・ルーマンによるシステム理論の道具立てに依拠しつつ観察を試みたい。

4　オルタナティヴとしてのリフレクティング・プロセス

前節においてその概要を紹介したリフレクティング・プロセスについて、筆者が考えるそのエッセンスをあらためて挙げるならば、その一つは、〈観察する／観察される〉という立場の旋回、もう一つは、〈はなすこと／ながめていること〉というふるまいの反復である。これら二つの特徴を通して、リフレクティング・プロセスは、ナラティヴ・アプローチが孕むいくつかの隘路をすり抜けると同時に、その意味世界の画期的な拡張を可能にしている。ただし、そのポテンシャルを適切に把握するためには、システム理論という補助線が必要である。

まず、〈観察する／観察される〉という立場の旋回が含意するところを見ていこう。第2節において整理したように、ナラティヴ・アプローチには、〈ドミナント／オルタナティヴ〉という区別がもたらす二種の隘路（「オルタナティヴのドミナント化をめぐる隘路」と「〈ドミナント／オルタナティヴ〉という区別のドミナント化をめぐる隘路」）が見出されていた。「観察」という概念を用いてあらためて言い換えるならば、一つめの隘路は、「観察される観察者の観察が拘束されること」といえるだろうし、二つめの隘路は、「観察する観察者の観察が拘束されること」といえるだろう。

新たなドミナント化とは異なる形で、いかにしてこれらの隘路を脱することができよう。ルーマンは、専門化された病理の観察について論じるなかで、次のように述べている。「何が『病理的』であるかを知ろうとするならば、この説明を用いて、あの説明を用いないところの観察者を観察せねばならない」(Luhmann, [1990] 2005)。まさしく必要なことは、「観察者を観察する」ことにほかならない。しかも、それは一方向的ではなく(それが一方向的であれば、そこで観察する側に立つ観察者はけして観察されないゆえ)。

前節において紹介したように、リフレクティング・プロセスにおいては、「観察する観察者」と「観察される観察者」とがその場で旋回していく。こうした仕組みは、アンデルセン自身が、「一九八五年三月に感じた安堵感は、おもにセラピーにおけるヒエラルキー的な関係を離れ、ヘテラルキー的な関係へと移行したことによるものであったろう」(Andersen, 1995)と、その最初の試みを振りかえっているように、「専門家とクライアント」というヒエラルキカルな関係における観察の一方向性を臨床実践の場において変革するものであるが、それと同時に(面接システムとリフレクティング・チームという)二つのコミュニケーションの流れが直接的には接続されることなく相互に観察を投げかけ合うことを通して、語りが特定の物語に収束し、拘束されてしまう「オルタナティヴのドミナント化をめぐる隘路」として危惧された事態を回避するためのきわめて具体的な処方箋ともなっている。

無論、そこでもなお、「しかし、そうした場の設定自体が一定の支配的言説によって支えられ、また、そうした構造を再生産しているのではないか」といった批判はあり得るだろう（いうまでもなく、そうした批判は「〈ドミナント／オルタナティヴ〉という区別のドミナント化をめぐる隘路」、すなわち、「観察する観察者の観察が拘束されること」に照準している）。しかし、アンデルセンによるその後の実践が、確実に従来の家族療法の射程を超え出るようなものであった[8]ということばかりでなく、筆者自身がリフレクティング・プロセスの性能をさらに広範なシステム論的臨床社会学の枠組において吟味する中で提示しつつあるその描像（矢原, 2008）をながめるならば、そうした隘路自体、リフレクティング・プロセスの観察対象へと組み込まれていく様子が確認できる。例えば、筆者は、地域住民による電話相談ボランティア活動の取り組みに、スーパーヴィジョン的な方法に代わるヘテラルキカルなケアと気づきのための方法としてリフレクティング・プロセスを提案し、研究実践を重ねているのだが、そこでは、活動をめぐる議論の中でリフレクティング・プロセスの実施そのものがリフレクティングの対象となり、再検討されるという、いわば広義のリフレクティング・プロセスが生じている。

以上の議論から確認できるのは、リフレクティング・プロセスにおける〈観察する／観察される〉という立場の旋回によって、〈ドミナント／オルタナティヴ〉という区別が孕むものとして見出されていたいくつかの隘路（＝観察者における観察の拘束）が、きわめて実践的に解消され得るということである。これは、立場の旋回が「観察者」と「特定の観察」との関係の固着を繰り返し剝離することによりもたらされる効果といえるだろう。

次に、〈はなすこと／ながめていること〉というふるまいの反復の含意について。よく知られているように、ルーマンのシステム理論においては、「コミュニケーションだけがコミュニケートし得る」ことが繰り返し強調される。一九八六年春にハイデルベルクで開催された国際的なシステミック・セラピーの会合に参加した折の議論（Simon ed., 1997）においても、ルーマンは、コミュニケーションに基づく社会システムと、意識に基づく心的システムとが、それぞれに固有の作動を有する「閉じた」システムであることを明言し、さらに、互いのシステムが相手にとって不透明であり、コントロールできないことを考慮せねばならないと述べている。無論、心的システムと社会システムとは高度に相互依存しているが、ある言葉を口に出した瞬間にその言葉と自分の思いとの落差を感じたり、誤解の重なりがコミュニケーションを継続的に産出したりするように、両者はあくまで異なる次元の作動である。そのような観点から見るならば、セラピーのような臨床的実践がいかに困難なものか再確認されよう。だが、ルーマンは、そうした困難さを指摘しつつも、あり得る臨床的介入の技術について次のように述べる。「意識プロセスや、まして意識の構造発展をコミュニケーションによりプランニングすることは、こうした状況から難しいと思われる。しかしながら、純粋な偶然が支配するというわけではない。介入の技術は、絶好の機会（Gelegenheit）を利用することにあるだろう。そしてまた、ことによると機会を計画的に濃密にするようなチャンスがあるかもしれない」（Simon ed., 1997）。すなわち、その一瞬一瞬において、意識とコミュニケーションが時に交錯し、時に離れていくような状況のなかで、臨床的実践に求められるのは、何らかのプランを構築する技術ではなく、一瞬にして消えてしまう絶好の機会を待つ技術なのである。

以上の議論を踏まえるとき、リフレクティング・プロセスが提示した〈はなすこと／ながめていること〉というふるまいの反復は、社会システムと心的システムの相互の自律性を前提とした「機会の涵養」という画期的な技術であると理解することができるだろう。アンデルセンは、後に「外的会話」と「内的会話」という表現を用いて次のように語っている。

しばらく後、別の表現が思い浮かんできた。すなわち、リフレクティング・チームのプロセスは、語ることと聞くことの転換を含意する。他者（たち）に語ることは、「外的会話」と表現でき、また、他者による会話を聞いているあいだ、私たちは「内的会話」において自分自身と語るのである。もし、私たちが特定の話題を外的会話から内的会話へ、そしてまた外的会話へ等と移行させるなら、その話題はさまざまな内的および外的会話のパースペクティヴを通過したといえるだろう。(Andersen, 1995)

アンデルセンがいう内的会話と外的会話を、ルーマンにおける意識に基づく心的システムとコミュニケーションに基づく社会システムに重ねて理解することは、十分に可能だろう。すなわち、リフレクティング・チームによる会話をながめている時間は、そこで「聞き手」の役割を果たすというよりも、意識の次元において自由に何らかの機会を見出すことができるような時間なのである。[9]

以上、システム理論という補助線を用いながらリフレクティング・プロセスのポテンシャルについて概観を試みた。そこでは、〈観察する／観察される〉という区別が、その言説のドミナント化をすり抜けるような新たに動きを伴う「会話」として立ちあらわれており、さらに、〈はなすこと／ながめていること〉を通して社会システムと心的システムという次元の交錯までもがその視野に含まれることとなった。無論、その実践的および学的含意の探求はまだ緒に就いたに過ぎず、その可能性についてはさらなる検討が待たれる。

5　おわりに

冒頭でも述べたように、本章の企図は、システム理論の視座からナラティヴ・アプローチの／におけるオルタナティヴとしてリフレクティング・プロセスのいくつかの可能性を提示することであった。そこで行われた、リフレクティング・プロセスを通したナラティヴ・アプローチの〈ドミナント／オルタナティヴ〉という区別からの解放は、言い換えれば、より構造的な言語行為である「語り」の次元から、より出来事的なコミュニケーションとしての「話し」の次元に向けてナラティヴ・アプローチの射程を切りひらく試みであったともいえよう。[10]

本章における提案は、ベイトソンのいう「あまりにも微妙な差異」(Bateson, 1979＝2001) であろうか。あるいは、H・マトゥラーナとF・ヴァレラがいう「破壊的変化」（Maturana & Varela, 1984＝1987）に行きつくような撹乱であろうか。本章の議論が「破壊的変化」と理解されるならば、ナラティヴ・アプローチの否定と捉えられようし、「あまりにも微妙な差異」と理解されるならば、ナラティヴ・アプローチにとってあえて取るに足りないものと捉えられよう。もちろん、筆者としては、それがアンデルセンのいうところの「変化を生み出す適度な差異」（Andersen, 1991）として機能することを願うばかりである。

注

（1）こうした捉え方と一見、対立する説明として、ブルーナー（Bruner, 1986＝1998）による「論理科学モード」と「ナラティヴ・モード」という二つのモードの区別があるが、斉藤清二（2006）が指摘するように、そうした言説自体も、科学物語の専一に対抗するための一つのナラティヴと捉えられよう。

（2）本章においては、筆者による他の場所での記述との一貫性も踏まえ、"constructionism" に「構築主義」という訳語を当てる。

（3）これらの区別とその交差図式は、矢原（2006）において作成したマトリクスもヒントとなっている。

（4）社会問題の構築主義におけるOG問題については、矢原（2006）においてシステム論的臨床社会学の視座から論じている。

（5）オートロジー（autology）とは、端的に言えば「自己への適用可能性」を意味する。例えば、

「日本語」はオートロジカルであるが、「英語」はオートロジカルではない（ヘテロロジカルである）。"English" はオートロジカルである。

（6）無論、そうした議論の編成自体は、なんら否定されるべきものではない。可能であれば、ナラティヴ・セラピーという多様な水準の語りが交錯する場において、セラピストがいかに「時代の支配的言説」に支えられ、いかに「物語る自己」としてのクライアント像を作り出し、さらにそうした行いを互いにとっていかに見えなくしているか、それ自体をいわば「ナラティヴ・セラピーの社会的構築」として、経験的な資料にもとづいて可視化し、詳細に吟味されてしかるべきだろう。こうして第一象限におけるジレンマは、第二象限におけるトピックとなり得る。さらに言えば、そうした論述は、「ナラティヴ・アプローチにおけるオルタナティヴ・ストーリーのドミナント化」を第二象限で反復するものでもあろう。すなわち、そうした論述もまた、次なる観察者によって、そこで不可視化されていた「観察する観察者」としての視座を指摘され（＝IIIの示唆）、何らかの形で「観察される観察者」として観察される可能性に開かれている。これは、社会問題の構築主義で活発に論じられたOG問題にも接続可能な議論だろう。

（7）念のため、家族療法の現場の舞台設定について説明しておこう。基本的にそこには、面接室と観察室という二つの部屋があり、その間はワンウェイ・ミラーによって仕切られていて、観察室から面接室を見ることはできるが、その逆は見えない。音声もまた同様である。

（8）家族療法の枠を超えたアンデルセンの実践については、例えば、Hoyer（2007）などを参照。

（9）実際、心理臨床家のケース検討の新たな方法としてリフレクティング・プロセスを活用している三澤文紀（2008）は、リフレクティングの反復のなかで面接者やチームが全く話題にしていないようなアイデアが多く生じることを確認している。

（10）「語る」と「話す」の差異については、野家啓一（2005）を参照。

参考文献

Andersen, T. (eds.) (1991) *The Reflecting Team··Dialogues and Dialogues About the Dialogues,* Norton.

Andersen, T. (1995) “Reflecting Processes; Acts of Informing and Forming,” in Friedman, S. (eds.) *The Reflecting Team in Action*, Guilford.

Anderson, H. (1997) *Conversation, language, and possibilities,* Basic Books.= (2001) 野村直樹・青木義子・吉川悟訳『会話・言語・そして可能性―コラボレイティヴとは?・セラピーとは?』金剛出版

Bateson, G. (1979) Mind and Nature, Brockman.= (2001) 佐藤良明訳『精神と自然　改訂版』新思索社

Bruner, J. (1986) *Actual Minds, Possible Worlds*. Harvard University Press.= (1998) 田中一彦訳『可能世界の心理』みすず書房

Gergen, K. J. (1994) *Realities and Relationships: Soundings in Social Construction*, Harvard University Press.

Hoyer, G. (2007) “Of course I knew everything from before, but...,” in Anderson, H. and Jensen, P. (eds.) *Innovations in the Reflecting Process*, Karnac.

加茂陽・大下由美 (2003)「権力の秩序からずれる日常性―エンパワーメント論」加茂陽編『日常性とソーシャルワーク』世界思想社

Luhmann, N. (1990) *Die Wissenschaft der Gesellschaft*, Suhrkamp.

Luhmann, N. [1990] (2005) *Soziologische Aufklarung 5 Konstruktivische Perspektiven 3. Auflage*, VS Verlag.

Maturana, H. and Varela, F.（1984）*El Arbol del Conocimiento*.＝（1987）管啓次郎訳『知恵の木』朝日出版社
三澤文紀（2008）「心理臨床家のための新しいケース検討の方法」矢原隆行・田代順編『ナラティヴからコミュニケーションへ―リフレクティング・プロセスの実践』弘文堂
野家啓一（2005）『物語の哲学』岩波書店
野口裕二（2005）『ナラティヴの臨床社会学』勁草書房
斉藤清二（2006）「医療におけるナラティヴの展望―その理論と実践の関係」『ナラティヴと医療』金剛出版
Simon, F. B.（Hg.）（1997）Lebende Systeme, Suhrkamp.
White, M. & Epston, D.（1990）*Narrative Means to Therapeutic Ends*, New York: W.W. Norton & Company.＝（1992）小森康永訳『物語としての家族』金剛出版
矢原隆行（2006）「システム論的臨床社会学と構築主義」中河伸俊・平英美編『新版　構築主義の社会学―実在論争を超えて』世界思想社
矢原隆行（2008）「電話相談ボランティアにおけるヘテラルキー的なケアと気づき」矢原隆行・田代順編『ナラティヴからコミュニケーションへ―リフレクティング・プロセスの実践』弘文堂
やまだようこ（2006）「質的心理学とナラティヴ研究の基礎概念―ナラティヴ・ターンと物語的自己」『心理学評論』四九巻三号
山田陽子（2007）『「心」をめぐる知のグローバル化と自立的個人像―「心」の聖化とマネジメント』学文社

第三章　医療におけるナラティヴ・アプローチ

小森康永

問題が問題なのであって、人間やその人間関係が問題なのではない（White, 1990）

すべてはここからはじまったといっていいだろう。これはもともと、家族療法という精神療法の狭い一領域の読者に向けてホワイトが示した治療公理である。問題の定義において遊び心を加味し、もっとラディカルに問題に対して共同戦線を張る試みとして、現在ではよく知られた「外在化する会話」の根本に、これがある。この会話技術が生まれたのが、小児病院における遺糞症治療であったことからも、医療現場は、ナラティヴ・アプローチ（以下、ナラティヴ）の最も先鋭化された応用領域であり続けている（野口, 2002；江口他, 2006）。

この公理の理解度がナラティヴ実践を大きく左右する。そもそも、なぜこんな公理が必要なのか。それは、彼らが、相談に来た人々に対して敬意を払い、非難しないアプローチを自らに課しているからである。エプストンも「〝問題の外在化〟によって、〝問題〟がどのようなものであれ、すべての人の側に立つと同時に、〝問題〟に取り組み〝問題〟を思いやる理論と実践を与えられる」と、その重要性を強調している（Epston, 1997）。

医療においても、慢性疾患治療を想像すれば、疾患（問題）がいかに患者本人に内在化されやすいかは想像に難くないであろう。また、医療現場での様々なマイナートラブルは、心理学言説に後押しされた多くの医療従事者によって（例えば「キャラ」ということばを患者に向けることで）、患者自身の中に内在化されていく。本章では、ナラティヴが、医療現場における内在化にどのように対抗するのかを中心に、いくつかのトピックを探求しよう。

1　新しい慢性疾患治療援助としての外在化心理教育

心理教育的アプローチの果たす役割は、現在、医療において増々大きくなってきている。疾患に対する医学的知識を獲得することによって、患者も家族も医療従事者と足並みを合わせた治療を進めていくことが、期待されるのである。しかし、現実は、それほど単純ではない。例えば、統合失調症患者が妄想を語る状況を思い浮かべてみよう。そのような訴えは自分たちを困らせるためにわざとやっているのだと解釈したことのない家族は、おそらくいないだろう。患者が無為自閉の状態にあるとき彼をぐうたらだと一度も称さなかった家族がいるだろうか？　つまり、そこには、知識の獲得だけでは訂正できない感情のもつれが混入するのである。

一方、外在化技法の治療機序は、患者に内在化されていた病気が患者本人から引き離され別個に扱われることによって、当人および家族など周囲の人々のムードが一新することにある。モーガン(1)は、問題の十分な探求と擬人化のために明らかにすべきこととして、問題の罠、戦略、行動様式、話し方、意図、信念、計画、好き嫌い、目的、欲求、動機、技術、夢などを上げているが、外在化できる問題を次のように整理している（Morgan, 2000）。

・感情…不安、心配、罪悪感、うつなど
・対人関係問題…口論、非難、批判、けんか、絶望、不信感、嫉妬など
・文化社会的実践…母親非難、女性非難、異性愛支配、人種差別など
・その他のメタファー…憤慨の壁、ブロック、夢、絶望の高波など

しかし近年、「外在化する会話」は、問題ないし症状だけでなく疾患自体も外在化することにより、心理教育的アプローチと合流することになった。エイズ（CARE counselors & Sliep, 1998）や糖尿病（Wingard, 1998）、そしてアボリジニー・コミュニティの悲しみ（Wingard, 1998）などの先行

例に続き、筆者らも、統合失調症（小森・山田, 2001）、死（Anti-Cancer League, 2006）、うつ病（Anti-Cancer League, 2006）の外在化を盛り込んだ心理教育的アプローチを展開している。最近では、アノレキシアへの心理教育的応用 Ana Ex がある（Institut für sysytemische therapie Wien, 2008）。

例えば、「ミスター・スキゾ完全独占インタビュー」"Against Mr. Schizo" という人形劇では、Schizophrenia（統合失調症）が擬人化されている。愛知県立城山病院の家族教室最終回で上演されているのだが、そこで家族は、精神科医によるミスター・スキゾへのインタビューを目の当たりにすることで、ミスター・スキゾの生の声を聞き、息子や娘（時にきょうだい）の引き起こすトラブルが、実はミスター・スキゾの仕業なのだと改めて了解する。それまでの講義内容の復習ではなく、彼に対する戦闘態勢ないし不可侵条約の結び方を再度確認することに意義がある。具体的には、これは二幕構成の二〇分ほどの寸劇である。第一幕「ミスター・スキゾはどのように成功してきたのか」では、スキゾの支配がいかに完全なものかが以下のようにあきらかにされる。

ミスター・スキゾ（以下、S）：まあ、いいだろう。あんたがた月並みな人間に限って、わしがやるような見事な技術をみるとやっかみ半分にいろんなことを言うもんだ。先ほどもすこし話したが、わしの最も信頼するテクニックは、幻聴だ。こいつは、非常に素晴らしい説得力を備えている。患者にしてみれば、あんたがたのようなへぼ医者の言うことなんぞより、よっぽどリアルなんだ。聞こえるというより、事実として伝わるのさ。そうなると、妄想と言ってもいいだろう。これも、大変な威力をもっている。さすがに、愚かな精神科医たちも、「妄想は訂正不能である」と定義して、自分たちの負けを最初から認めておるがね。

精神科医の小森（以下、K）：なんと辛辣な！

S：ふふふ、そうだろう（かなり得意気）。でもな、幻聴にも難点があってな、薬に弱いんだ。それに、その出所がすでに人間どもにばれちまっている。おまけに、患者や家族には、わしでも支配しきれない健康な部分がある。実は、健康な部分の方が大きいかもしれん。

K：そんなこともあるのですか？

S：しかし、喜ぶのはまだ早いぞ。その薬をもらうためには病院にかからないといけないだろう。精神病院にかかったとか、「統合失調症」だったなどと聞けば、愚かな人間どもは、そういうレッテルに目を奪われて、患者の健康な部分が見えなくなってしまうのさ。つまり、誰も患者の言うことをまともに聞かなくなるんだ。そこが一番のポイントなのだよ。精神医療の夜明けは、まだまだ遠いなあ、ハッ、ハッ、ハッ！（得意満面）

しかし、これとは対照的に第二幕「ミスター・スキゾはどのように失敗していくのか」では、スキゾの失敗エピソードが、次のように、少しずつ暴露されていく。

K：そうですか、あなたほどの方でもやはり支配しきれないところはあるわけですね。例えば、こういう話もよく聞きます。あなたが幻聴を使って患者さんにいろいろ命令する場合、患者さんの中には、例えば部屋の外へ出ればあまり聞こえないと気づいて、声が聞こえてくると外へ出て、声の命令に従わない人がいます。患者さんの自前の対処法とでもいえるのでしょうね？

S：ああ、それも知っているよ。若い奴なんか、音楽を聴くと幻聴から逃れられたり、心が落ちつくってよく言うね。ソニーがウォークマンなんか作るからいけないんだ。だけど、患者だって、そんなことがそういつでも有効というわけではないことも身にしみているはずなんだがね。

K：そうかもしれません。ただ、どんなささやかなことでも一度うまくいくと、すこしずつでも自分で対処法を身につけてその数を増やしていく人がいますよね？

S：それこそ、実にけしからんことだ！！！

K：そんなに、うろたえないで下さい。まだ、お聞きしたいことがありますので。患者さんを役に立たない人間としておとしめようとするあなたにとって、どんなタイプの患者さんが苦手ですか？

S：言いたくないよ！

K：それほどお困りなわけですか？

S：何を言ってるんだ！　いいかげんにしてくれ。そんなこと話したくらいで、わしの戦略体系が崩れるはずがなかろう。よし、言ってやるよ。まずは、忍耐のある奴は、大嫌いだ。一度うまくいかなかったら諦めればいいものを、少々のことではへこたれない奴がいる。例えば、二〇年も入院しているのに、なんで今さら退院しようなんて思うんだ？　それに、徹底的に試行錯誤する奴にも、世話が焼ける。わしの権威を押しつけても、それを奴等は、すんなりと信じようとしないんだ。自分の技術でうまく抵抗できるまで、いろんな工夫をするわけだ。このあいだも、寝るときにヘルメットをかぶれば幻聴が減るといって、毎晩それを実行する奴がいた。周りからみたらずいぶん奇妙だが、どうも本人にとっては、気が楽になるようなんだ。

こうしてチクリチクリと弱味を突かれ、最後にスキゾは退散していく。上演後、第二幕で語られるべき「自前の対処法」について、家族は情報提供を求められる。シナリオが上演のたびにヴァージョンアップされることで、シナリオは、患者および家族の経験に近いものとなることが期待されている（第2節の共同研究を参照）。

統合失調症は長い病いである。症状の程度に差こそあれ、それは往々にして重い。重ければ、視野狭窄になる。それでは、リハビリは進まない。それが、このような一見奇妙な仕事が求められる理由である。当初、この人形劇は、患者家族向けのものとして利用されたが、新任看護師、研修医、さらには当事者グループの前でも上演されるようになった。治療者の意図（例えば、試行錯誤の重要性）が、患者や家族、そして精神病院全体で共有されることで、新しい治療文化が生まれ得るはずだ。

2　新しい医師患者関係構築としての共同研究

従来、医療における質的研究では、医療従事者の側がなんらかの専門知識をもつことによって、患者を分析の対象としてきた。しかし、ナラティヴでは、問題を経験した人々こそが、特定の問題の起こり方、問題の話し方、その問題の好き嫌い、さらには問題との関係の変え方や対抗方法などについて「専門知識」を持っていると想定されている。よって、同じ問題を持った人々のあいだでそのような知識を蓄積、共有することが、オルタナティヴ・ストーリーを分厚くするのに有効だとされる（会話を拡げる会話）。中でも、「共同研究」（Co-research）という試みは、基本的には、治療者とクライエントおよびその家族などが協力して、当事者でなければ手に入らないような知識を文書化していき、同じ病いを抱えた人々のあいだで、それが流布していく過程を指している。また、共同研究をさらに一歩進めて、なんらかの問題、そしてその問題を支持する構造と闘う社会活動をも行う取り組みとして、「リーグ」がある。八〇年代初頭にエプストンが拒食／過食症クライエントの智恵を「公文書」として当事者間で共有しはじめたことに端を発している（アンチ拒食／過食症リーグ）。そこでは、外在化は、問題解決の技法というよりも、治療者とクライエントとのあいだで共有されるべき会話のスタイル、ひいては、そのような治療文化の構成を目指す取り組みとなっている。「問題の外在化」から「言説実践としての外在化」への移行ともいえるだろう。エプストンはいう。

本章の目的は、権力からもっとも閉め出された人々（例えば、クライエント、入院患者、在留外国人ら）から得られる「オルタナティヴな知識」に賛成を唱えることである。クライエントの知識を役立てるという点で、治療的伝統の枠を拡げ、これらの知識の利用可能性を高めることが、私たちの意図である（Epston, 1997）。

このような動向は、ナラティヴに限られたものではなく、べてるの家やDIPExなど、強調点に差はあっても共通性の大きい取り組みが散見される。筆者らによる統合失調症患者家族との「サンクスフライデイ」（小森, 2008）[2]、その当事者らとの「幻聴倶楽部」（小森, 2008）[3]、乳がん患者との「かのこやすらぎ会」（Anti-Cancer League, 2006）[4]、そして一般がん患者とのネット上での「アンチ・キャンサー・リーグ」[5]なども、こうした試みである。これらに共通の特徴は、メンバーが自らの抱えた問題について語れないタブーが存在する点である。

このような共同研究セッティングには、絶えず患者の側のニードをモニターし、かつそれを達成する好ましい仕方についても直にフィードバックを受けながら、治療を展開できるメリットがある。例えば、インフォームドコンセントのあるべき姿についても、このような文脈で知見を集積することができる（小森, 近刊）。また、NBMのように、まかり間違うと、治療者側の傾聴技術のみが強調されて、結局は、さらなる技術修得が課せられてバーンアウトを誘導しかねないリスクを回避できるのである（後藤・野村, 2008）。

3　新しいターミナルケア／遺族ケアとしてのリ・メンバリング実践

死にゆく人のケアや遺族ケアでは、フロイトの悲哀理論やそれに基づくキューブラ＝ロスの段階説が、これまで治療論として支配的であった。しかし、そのような生物学的モデルに準じた反応を期待したり、然るべき期間内に故人を忘れる規範化の弊害こそが、問題にされるようになってきている（Neimeyer, 2001）。

一方、ヘツキとウィンスレイドは、リ・メンバリングを主たる技術とするターミナルケア実践を提唱している（Hedtke & Winsladde, 2004）。そこでは、死が射程距離に入った時、そして死後においても、家族など愛する人々を集め、死にゆく人の思い出を構成していく会話が重要視される。象徴的不死を達成するための会話といえよう。彼女らは、死にゆく人との治療的会話において、次の五つの側面を提示し強調している。①記憶されるであろうことの予測、②聴衆の選択、③儀式のリ・メンバリング、④死の話をすること、⑤世代を超えたメンバーシップの広がり。例えば、①の「記憶されるであろうことの予測」は、死にゆく人の人生のハイライトを語り残すべきものとしてあきらかにする。そして、それを価値あるものとして遺族が語り継ぐには、どうすればいいのだろ

う と相談することが、大きな慰めになると考えられている。これらの質問に答えていくことによって、患者の尊厳は高められると同時に、愛する家族に自分が何かを残せることが、実感されることだろう。最近、緩和ケア領域で注目を浴びているディグニティ・セラピーの拡大版ともいえる(Chochinov, 2005)。

技術的には、ダブルミーニングを連想させるその呼称からもわかるように、リ・メンバリングには、人生をクラブにたとえることによって、人は自由に、自分にとって重要な人物を憶い出し、再びメンバーとして加えることができるという前提がある。この実践は、ナラティヴ後半におけるオルタナティヴ・ストーリーの歴史を豊かに記述する会話の典型である。あなたが最近のユニークな結果について語ったとしよう。すると援助者は「あなたがこういうのを聞いて、驚かない人はいますか?」と質問する。そこで、もしもあなたの返事がイエスならば、その人はあなたの何を知っているのかという質問が返ってくる。一方、ノー、つまり誰もが驚くのであれば、そのエピソードは、真に新しい達成として注目されることになる。(一昔前は「治療的二重拘束」と呼ばれたものに似て)いずれにせよ治療的ではあるが、前者によって、あなたの人生における重要な人物が再度思い起こされ、人生のメンバーとして再認識されることにより、あなたの人生には、より大きな意味がもたらされる。

終末期における医療関係者の仕事を「介入」というより「紹介」に近いものと考えるなら、「つなげる」作業は、治療文化を大きく構成していく。例えば、アンチ・キャンサー・リーグでディグニティ・セラピーを知ったスキルス胃がんのある二〇歳代女性は、婚約中にがんを告知されても結婚を選んだ夫への感謝のことばをディグニティ・セラピーで遺したいと希望した。そして、カルテに貼付されたその文書を読んだ病棟看護師の多くは共に涙を流した。彼女たちは、このような援助の意義を強く感じ、同様にそれが希求された三〇歳代の女性がそれを語れずに死んでいった時、院内ではじめてのデス・カンファレンスが開かれた。

4　新しい医療メディエーション（調停）としてのナラティヴ

医療が抱える大きな問題として、医療事故訴訟の増加がある。訴訟対策として医療者側は法的知識を習得しようとするが、それが十分にはなり得ないばかりか、様々な歪みを招きかねない状況にある。なによりも、患者側が訴訟を起こす動機が、法的解決ばかりではないという点が重要である。日本でもようやく「医療メディエーター」に注目が集まってきているが、この領域においても、従来の問題解決モデルとは一線を画すナラティヴな動きが既に生まれている。

ウィンスレイドとコッターによると、問題解決モデルの前提は、「世の中は、必要性や欲求を満たそうとする人々によって成り立っている」というものだ（Winslade & Cotter, 1997）。よって、「対立は、個人のニーズが満たされないことによって出現する」と理解されている。そうなると、問題解決型メディエーションの中心課題は、当事者たちの求めているニーズが合意に達する解決

（しばしばそれは「双方両得の解決法」と呼ばれる）を探すことになるわけだ。これらの前提やそれに基づく実践は、人々の常識的認識を公式化したといえるものであり、モデル自体が調停的であることは、興味深い。しかし、メディエーターが客観的かつ中立的であり、さらに自らの関心を対立の内容ではなく解決を生み出す過程の促進に向け続けることの実現困難性も指摘されている。

一方、ナラティヴ・メディエーションでは、まずメディエーターが対立について新しい前提を持つことを要求される。そこでは、対立を（満たされていないニーズといった）修正可能な機能不全から生じるものと捉えるのではなく、人々のあいだに差異が存在することについてポストモダンな認識が求められる。つまり、人々は現実状況や人生の機会において異なるだけではなく、これらの差異を理解するために彼らが頼りにするストーリーにおいても異なるのだ、と考えなければならない。それゆえ、対立は、そのような差異を表現する際の必然的結果として理解される。もしも私たちが自分や他者について語るストーリーや、周りにあふれているストーリーが、その差異を描き出す上で影響力を持つならば、対立における言語の役割は、重要なものになる。結局、「事あるごとに私たちを対立へと導くこの差異というものは、解決すべきものではなく、理解すべきものなのである。差異に価値を置くということは、このアプローチによって光が当てられた原理である」。

では、具体的にはどのような形でそれが実践されるのだろう。ウィンスレイドらの典型的なやり方では、合同セッションに先立ち分離セッションが設定されている。そこでは、当事者と別個に会い、それぞれの視点でのストーリーが訊ねられる。目標は、以下の四点である。

①当事者のストーリーがメディエーターによって敬意を持って聞かれる機会を当事者に提供する。
②メディエーターには当事者を責めるつもりのないことを、外在化を利用して伝える。
③当事者それぞれが対立によってどのように影響されているかを見出す。
④当事者が自らの生活の社会的条件を構築するにあたってエイジェンシーを有する人であることを認める。

続く合同セッションでは、まず、そこでの会話をオープンな形で、かつその進行具合についても絶えず双方の確認を得ながら進めることが、確認される。そして、分離セッションで得られた問題と論点についてメディエーターが要約を伝え、双方から補足を求めることから、会話が始まる。具体的には、以下の四つの内容によって構成される。

①連帯感の確立。双方は、非難の応酬という悪循環に陥っていることが多いので、メディエーターは、問題にからんだお決まりのコミュニケーションをあきらかにすることによって、その補完的パターンを同定し、それによって、双方がその問題の被害者だという認識を共有し得る。対立反復サイクルの外在化である。
②ユニークな結果を発見する。具体的には、「口論」に支配されていた双方のやりとりが少しだけ緩んだ瞬間について質問を重ねる。

③新しいストーリーの維持。ここからは合意の発展が求められ、文書による合意も盛り込まれる。
④合意についての振り返り。

ウィンスレイドとモンクはかつてスクールカウンセリング領域において、文書の流布により生徒のオルタナティヴ・ストーリーがいかに安定するかを誰よりもいち早く喝破した実践家であるが、この調停領域においても、彼らは新しい知見を提示している（Winslade & Monk, 1999)。調停に参加すること自体を「ユニークな結果」として会話に導入にすることである。行動をストーリーとして会話に盛り込む実践知が、すばらしい(6)。

5　おわりに

本章では、医療における内在化に対抗するナラティヴ実践を、四つのトピックで紹介した。心理教育、医師―患者関係構築、終末期医療、そして医療メディエーションと、どのような領域であれ、現在、支配的な実践を思い描くことは容易だろう。そのようなアプローチへの批判的実践としてのナラティヴは、あからさまに行われれば、様々な考え方をする多くの職種、多くの人々がかかわる医療において、容易に排除されかねない。現代の医療は、エビデンス一辺倒なのだから。

そこで許容されるべき形式と文脈とは何か？　このように問うことは、あまり現実的ではないだろう。ナラティヴな実践者が、自らの実践を自らの視点に立って考えるなら、ここで紹介したような実践はあくまでも「ユニークな結果」に過ぎないことを認識すべきだ。つまり、それは放っておけば、偶然生まれた一つの出来事としてすぐにも忘れ去られるのである。それについて一緒に働く人々がどう考えるのか、職業人としてこういう方向性にどんな魅力を感じるのかなど、多くの問いが投げかけられ話しあわせることによってしか、このようなアプローチは根付くことはないのである。そこで生まれるストーリーによってこそ、人々は本当に動くのではないだろうか。

注

(1) モーガンは、ナラティヴの会話を二部構成で解説した。
第一部：ドミナント・ストーリーを脱構築する
1 外在化する会話
2 問題の歴史を明らかにする
3 問題の影響を明らかにする
4 問題を文脈に位置づける
5 ユニークな結果を発見する
6 ユニークな結果の歴史と意味を後づけることとオルタナティヴ・ストーリーを名づけること
第二部：オルタナティヴ・ストーリーを分厚くする
7 リ・メンバリングする会話
8 治療的文書の活用

9　治療的手紙
10　儀式と祝典
11　会話を拡げる
12　アウトサイダー・ウィットネスグループと定義的祝祭

（2）「サンクスフライデイ」の入会資格は、その年の愛知県立城山病院「家族のための勉強会」プログラムを修了していることなので、グループには、はじめから同級生感覚がある。ミーティングは毎年八月から翌年三月までの第三金曜に午後三時から四時半まで計八回開かれ、その内容は記録係によって「サンクスフライデイ・ニューズレター」としてまとめられ即日郵送される。文書は、メンバーのみに宛てられたものではなく、患者も含め家族全員に共有されることが推奨されている。また、入院患者の場合、コピーが診療記録に貼付され、病棟スタッフも読めるようになっている。

（3）「幻聴倶楽部」の入会資格は、愛知県立城山病院デイケアメンバーのうち、現在、幻聴を経験していて、それについて語り合いたいと思う人であること。つまり、自らが幻聴を持っていることを認識できる能力が、この治療アプローチの適応基準になっている。ミーティングは、第一金曜の午後三時から四時半まで、第二デイケアのオーディオルームで行われ、その内容は記録係によって「幻聴倶楽部通信」としてまとめられて、コ・セラピストの山田臨床心理士より本人に翌週、手渡しされる。ビジター制度あり。当事者による症状についての語り合いは、メタレベルの活発な議論へと予想以上に展開し、メンバー間の連帯、および「専門知識」の蓄積が達成されている。現在休会中。

（4）平成一八年度に愛知県がんセンター中央病院で始まった乳がん患者さんのための外来サポートグループ。毎回の記録として郵送された「かのこやすらぎ会通信」から（メンバーの近況報告を省略した）フリートークの部分のみが抜粋され、アンチ・キャンサー・リーグにて公開されている。メンバーは、本院通院中の乳がん患者さんのうち、初期治療を終了された方。同じ病気を抱えた方々ならではのコミュニケーションや情報交換による連帯感の確立が期待されている。取り組み方は、スタンフォード大学スピーゲル博士らの乳がん患者さんのためのグループ療法を下敷きにしている。グループの目的は、以下の通り。①メンバー間の絆作り、②気もちの表現、③人生の優先順位の再検討、④友だちや家族のサポート強化、⑤医師患者関係の向上、⑥対処スキルの向上。

（5）アンチ・キャンサー・リーグ（訳すと、「反がん同盟」、ＡＣＬ）は、愛知県がんセンター中央病院緩和ケアチームが主催する、患者さんやそのご家族のための治療コミュニティ。メンバーは、本院での入院治療において緩和ケアを体験された方々、およびその家族。メンバーおよびスタッフの投稿が多くの方々に共有されることによって、いわゆる医療情報を超えた、様々な効果が期待されている。

（6）彼らの主張を下記に引用する。

対立ストーリーに導かれた経過やそれが双方の人生にもたらした影響を考慮すれば、調停参加自体が十分に、それまでとは違う未来を想像する願望についての言明である。問題の歴史がマッピングされたあと、あるいは合同セッションの直後であれ、双方が席を同じくして問題を決着させるべく状況について議論することに同意したという事実は、注意を向けられなければならない。何が両者をそこへ導いたのかを問う価値があるわけだ。（すぐさま口論に逆戻りすることなく）そうする一つの方法は、このセッションに双方が抱いている希望について訊ねることである。事態を変える希望のない者が調停に参加することはまずあり得ない。相手のいるところでそのような希望を口にすることによって、すぐさま双方が、対立の意味に差異を見い出すことになるだろう。

たとえ希望というものがどのように具体化されるものか両者にとってあきらかではないときでも、双方は、原則的に、希望のストーリーには同意できる。ただし、そのような希望を、対立ストーリーのいかなる「事実」とも同様に堅固なものと見なすのは、私たちのバイアスといってよい。このような希望こそ、メディエーターによって文書にまとめられて、会話の合間合間に参照されるほどに、まじめに受け止められるべきなのである。そうしておけば、ユニークな結果が現れた時に、それと結び付けることもできる。さらには、変化を測るための参照点として利用可能だ。つまり、双方の希望が満たされつつあるのか、双方の好まざる方向へ調停が進んでいるのか、一目瞭然となるわけだ（Winslade & Monk, 2001）。

参考文献

アンチ・キャンサー・リーグ（2006）（http://www.pref.aichi.jp/cancer - center/200/235/index.html）

Care Counselors & Sliep, Y. (1998) 'Pang'ono pang'ono ndi mtolo-little by little we make a bundle. Dulwich Centre Newsletter No. 3, (1996) Republished in White, C. & Denborough, D. *Introducing Narrative Therapy: A collection of practice-based writings.* Dulwich Centre Publications, Adelaide, South Australia. =(2000) 小森康永監訳『ナラティヴ・セラピーの実践』金剛出版

DIPEx（Database of Individual Patient Experiences）(2001) http://www.dipex.org

江口重幸・斉藤清二・野村直樹編（2006）『ナラティヴと医療』金剛出版

Epston, D. (1997) *'Catching up' with David,* Dulwich Centre Publications, Adelaide, South Australia. =(2003) 小森康永監訳『ナラティヴ・セラピーの冒険』創元社

後藤道子・野村直樹（2008）『ナラティヴは医師を救えるか、こころと文化』、7(1)：65-75

小森康永・山田勝（2001）『精神分裂病の家族心理教育におけるナラティヴ・アプローチ』家族療法研究　18 (2): 143-150

小森康永（2008）『ナラティヴ実践再訪』金剛出版

小森康永（近刊）『がんと緩和時間』

Morgan, A. (2000) *What is Narrative Tehrapy?* Dulwich Centre Publications, Adelaide, South Australia ＝（2003）小森康永・奥野光訳『ナラティヴ・セラピーって何？』金剛出版

Neimeyer, R. A. (ed.) (2001) *Meaning Reconstruction and the experience of Loss,* American Psychological Association, Washington, D. C. ＝（2007）富田拓郎・菊池安希子監訳『喪失と悲嘆の心理療法―構成主義からみた意味の探究』金剛出版

野口裕二（2002）『物語としてのケア』医学書院

浦河べてるの家（2005）『べてるの家の「当事者研究」』医学書院

White, M. & Epston, D. (1990) *Narrative Means to Therapeutic Ends,* W. W.Norton, New York. ＝（1992）小森康永訳『物語としての家族』金剛出版

Wingard, B. (1998a) Introduciotn of Sugar＝「シュガーの紹介」＊(『ナラティヴ・セラピーの実践』に収録)

Wingard, B. (1998b) Grief＝「悲しみ」＊(『ナラティヴ・セラピーの実践』に収録)

Winslade, J. & Cotter, A. Moving from Problem Solving to Narrative Approaches in Mediation, In Monk, J., Winslade, J., Crocket, K., and Epston, D. (eds.) (1997) *Narrative Therapy in Practice: The Archaeology of Hope,* Jossey-Bass, San Francisco.＝（2008）紫・バーナード・国重浩一訳『ナラティヴ・アプローチの理論から実践まで』　北大路書房

Winslade, J. & Monk, G. (1999) *Narrative Counseling in Schools: Powerful & Brief*, Corwin Press, Inc., Thousand Oaks, Ca. = (2001) 小森康永訳『新しいスクール・カウンセリング』金剛出版

Winslade, J. & Monk, G. (2001) *Narrative Mediation : A new approach to conflict resolution*, Jossey-Bass, San Francisco.: pp. 167–168.

第四章　看護学とナラティヴ

大久保功子

看護学を探求するものにとって、特に実践を愛してやまない者にとって、非常に面白い時代が到来した。まずは看護学の理論と研究の歴史をナラティヴとの関係から概観し、ナラティヴ・アプローチの特性を文献検討から探る。

1　看護学の知の変遷と質的研究

医学とは異なる看護の専門性を初めて唱えた人がナイチンゲールである。しかしその後約百年間、看護は科学的な医学を補助する安価な労働力となった。再び看護の専門性が追求されるまでには、さらに三〇年を要した。看護学博士課程での教育の拡充にともない、開発された看護理論は今や四〇に上る（Tomey & Alligood, 2005[1]）。

看護理論は、人間、環境、健康、看護の四側面からなり、専門領域としての看護の知を体系づけている。看護独自の知を伝えると共に、看護とは何かを示す。ペプロー[2]、オーランド[3]、トラベルビー[4]などの患者―看護師の治療的人間関係を追及した理論もあった。しかし、主な看護理論は医学や他の学問分野の理論に追随する形で、自然科学を土台とした応用科学として開発されてきた。自然科学の特徴は、真実は外側から客観的に確認可能で、要素に還元でき、測定可能で、再現（予測）、検証できることにある。看護現象をあらかじめ予測し、コントロールすることに価値を置き、理論を検証する研究を通して新しい知識を蓄積してきた。それらを否定するつもりはない。けれども、現場の看護師は常に、唯一無二の人生を生きている人を相手にする時、実践の中の現実は常に理論の網の目からこぼれ落ちていくむなしさと、どこか根本的な齟齬を感じ続けてきた。なぜなのか。

一つには、人間にかかわる他の科学領域と同様、知が客観化可能であるとする経験主義の限界であり、もう一つには看護独自の知の未熟性にある。カーパー（Caper, 1978）が看護を知ることは、科学、倫理、芸術、個人知として同時に知ることであり、経験主義に基づく科学だけでは看護学として不十分であると説いた。三〇年を経たが、それらを十分には掘り起こせてはいない。

また、一九七八年、レイニンガーの呼びかけで、ワトソン、ベナーを筆頭に多くの看護研究者が集まり、看護独自の理論の基本概念としてケアリングを検討しはじめた。レイニンガーは文化人類学、ワトソンは哲学、ベナーは実践知といったそれぞれ異なる背景から、それぞれ「レイニンガー看護論」「二十一世紀の看護理論」「ベナー看護論」といった看護独自の理論を開発し、看護学を人間科学として位置づけた（Boykin & Schienhofer, 2001 = 2005）。こうして、これまで未知のままであった人間科学領域の看護の知を探求する活路を開いた。

さらに、同じような時期に医療におけるパターナリズムや、テクノロジー導入と人間性の疎外、専門家支配と主体性の剥奪、心身二元論と全体論の対立などが次々に明るみに出るにつれ、認識論や、看護の科学とアートの融合、意味・存在・事実にかかわる存在論的問題への関心に拍車をかけた。今まさに、看護学は看護に対する社会的要請を明らかにし、自己や他者を知ることやかかわりに関心を寄せ、人間であるということがどういうことなのかを理解するために必要な知の開発と、論理実証主義の自然科学の知を補完する物語の知（ナラティヴ・ナレッジ）を掘り起こしていく必要に迫られている（Boykin & Schienhofer, 2001 ; Chinn & Kramer, 2008）。近年、ナラティヴは人間科学における知に至る重要な手段として、特に看護学では実践の中に埋もれた倫理的知、魂を揺さぶる（審美的な）知、個人的な知（暗黙知）を浮き彫りにするアプローチ方法として着目されてきている（Boykin & Schienhofer, 2001 = 2005）。

一方、看護研究では一九八〇年前後を境に質的研究が急増している。PubMed で［nursing, qualitative research］を検索すると、一九七八年以前の質的研究は四件である。一九七八〜一九八七年では七一件、一九八八〜二〇〇七年で七七四八件（内容分析八七三件、エスノグラフィー六四一件、グラウンディッド・セオリー五二六件、ナラティヴ・リサーチ六一八件、ナラティヴ・レビュー一六八件、現象学一五〇件、ナラティヴ・アナリシス一一七件、フェミニズムアプローチ六一件、ナラティヴ・アプローチ五三件、ライフストーリー二五件、解釈学二一件、ライフヒストリー二一件…）である。PubMedではナラティヴ・リサーチと質的研究が互換的に用いられ、上記の括弧内の分類の合計は総数に一致せず、重複もみられ、混沌としている。

そこで、ナラティヴ・レビュー(5)を用いて、ナラティヴ・アプローチを読み解くことにした。二〇〇八年八月以前のPubMed「("narrative approach"[Title]) OR ("narrative approach"[Text Word]) AND ("nursing")」で得られた四〇件と医学中央雑誌「ナラティヴ・アプローチ」での三〇件のうち、入手可能な文献と手元にある書籍を中心に、ナラティヴによって看護の何にアプローチするのか、少し広い視野からまとめようと思う。一つにはナラティヴ・ナレッジの発掘と関係の中での反省を迫るナラティヴ、二つには共に現実を創るナラティヴとして述べる。

2　ナラティヴ・ナレッジの発掘

語りは主観であるがゆえに下等であるとされていた時代から、人間は関係の中で意味を見出すがゆえに、重要であると捉えなおされてきている。ブルーナーは、人間が学ぶときの二つの知り方を示した。自然科学的な立場では、未だに人間が知りえない普遍法則が存在するという立場に立ち、一般化を目指し仮説を検証する。そういった論理科学的様式（Paradigmatic Mode）も人間が学ぶ時の知り方の一つである。そして同時にまた、物語様式（Narrative Mode）は人間のもう一つの知り方であり、どちらもが置き換えることのできない相補的な思考様式であると述べている（Bruner, 1986）。物語様式で知ることは、人々が何を考え感じたのかを語る（聴くあるいは読む）ことで、魂をうち共感と感動を呼び覚まして深く理解する形でエビデンスをもたらす。その人の語りは一般化を備えた、ステレオタイプあるいは認識の一致の強要ではなく、各個人の独自性の出現を可能にするため、特に看護師にとってケアを実践する際の基礎となる（Rogers, 2005）。

ナラティヴ・ナレッジの発掘では、埋もれている知、周辺に追いやられてかき消されている声を浮かび上げるために、ナラティヴからアプローチする。研究方法論としては解釈学的現象学等が用いられている。

(1) 看護の中の実践知

ベナー（Benner, 1984）は、実践の中に埋もれている看護の優れた知を、エキスパートたちの語りから内容分析を用いて掘り起こしている。看護師たちのナラティヴに着目することにより、単なる医師の補助者としてではなく、非科学的といわれてきた看護実践を語ることが可能になった。というよりもむしろ、看護実践で暗黙のうちに脈々と受け継がれてきたことを言葉にして伝えることが学問として求められはじめている。ベナーは臨床看護に着目したが、オーマンら（Öhman & Söderberg, 2004）は保健師の知を探求し、重篤な慢性疾患の人と彼らの近親者との出会いの過程にその答えを探している。一〇人の地域看護実践者に経験を語ってもらい、その逐語録をリクールの現象学的解釈学を用いて分析し、親しい関係の中にいること、理解を分かち合うこと、慢性疾患患者とその家族を包む保護の織物を織り上げることという三つのテーマを浮かび上がらせている。

(2) まだ知られていない経験を学ぶ

トーマスらは人間の最大の喜びや悲劇の経験に直結した人々の語りから、看護という仕事の根本的な意味を浮かび上がらせている。除細動機を体内に埋め込まれると、その人は日常生活の中でカウンターショックを受けてしまう。それはいったいどういう経験なのだろうか（Thomas & Pollio2002,=2006）。まだ知られていない経験を知るには、知らないということを知ることからはじまる。語りたいと思っている人から話を聴くしかないし、話を聴くことで学ばせていただくことができる。

(3) NBM

意外かもしれないが、ＥＢＭ（evidence based medicine）の創始者の一人でもあるサケット（Sackett, Straus, Richardson, Rosenberg, Haynes, 2000）は、無作為抽出比較試験至上主義の趨勢を憂い、臨床判断においては実証主義（ＥＢＭ）では語りつくせない医師の判断の偶然ではない不一致と患者の価値観（NBM）が重要であると主張している。また、グリーンハルらは、EBMは疫学研究によって得られる根拠だが、NBMは人間科学によって得られる根拠であり、相互に補完しあうと述べている。彼らは現在オックスフォードを拠点に乳がん、大腸がん、出生前診断等について、患者個人の経験のデータベースDIPEx（the Database of Individual Patient Experience）を作成し、医師、患者、家族、自助グループ、政策立案者、研究者、社会科学者、医学・看護の教育者によるアクセスを想定し、ナラティヴ形式の検索照合を可能にしようとしている（Greehalgh & Hurwitz, 1998＝2002）。日本でも、看護師である射場、和田らも加わりDIPEx日本版のがん患者の語りを蓄積する試みが始まっている。(6)

(4) 関係の中での反省を迫るナラティヴ

ディーケルマンら（Diekelman, 2002）は医療を受ける側と提供する側との溝を作っている、医療の中の権力、抑圧、暴力を受ける側から暴いている。腎臓移植を受けたキャロルアンとの何十回にもわたるインタビューの末、形になった語りは特に壮絶である。先進的な医療の中でケアが抜け落ちていく。ケアリングを渇望しながら人間性を剝ぎ取られ、物として扱われる苦しみ、時には嘲笑さえ受ける。そのような倫理的問題を扱ったものにチャンブリス（Chambliss, 1996＝2002）の「ケアの向こう側」がある。そこに登場する看護師は著者への語りであり、読者に語りかけてこない。これとは対照的に、ディーケルマンらの患者の語りと著者の記述は看護師としての良心に語りかけ、自らのケア現場の反省を明日からの実践に生かそうという勇気をもたらす。しかし、ここに看護師がどうかかわりうるのかに迫るには、別の方法論が必要になってくる。

3　共に現実を創るナラティヴ

唯一の真理が疑われる時代にあって、社会構成主義は真理も正義も合理性も、言葉を介して社会的に構成されたものと捉える。民族、性差、人種、階層、ジェンダー、権力、健常者と障がい者といったマジョリティーとマイノリティーに対する疑問に注意を向ける。ある関係における問題の解決策は一つではなく、しかも人々は予想もしなかったような強さや資源といったレジリエンスを持っている。多様な声に耳を傾け対話を続けることで、可能性に開かれた新たな理解ないしは解決を生む。そのような考え方は抑圧されがちな、いわゆる周辺領域の看護から導入されはじめている。

(1)　子どもと高齢者の看護の現場で

例えば小児看護領域では、痛みに関する子どもの語りは信じられないものとされてきた。カーター（Carter, 2008）はナラティヴ・アプローチによって、子どもの痛みの語りに耳を傾けている。子どもの痛みの語りは多面的で、彼らの人生の物語が反映された何らかの筋書きのある経験の根拠である。科学的な、ドミナントな、学術的な、専門的な言説よりも、その子どもと実践家との関係性において語られた痛みの話を共有することで、その子にとって何が適切な手助けなのかを実践家が理解できるようにした。

ウェルフォード（Welford, 2008）と橋爪・松田（2006）は高齢者と一緒に作業をすることを学生の実習に取り入れた。個人のユニークな経験を洞察する意味でライフヒストリーを活用し、その人と共に今までの人生がどのような経験だったのかを描く。このナラティヴ・アプローチは、ニーズのアセスメントと提供されるケアの質の保証に有効であった。さらに、それが高齢者の生活の質の向上と、実習に立ち会ったスタッフの自尊心をも高める支援になることを示唆した。

(2) 緩和ケアの現場で

千葉・森（2006）は積極的な治療が適応でないがん末期の病棟でナラティヴ・アプローチを導入し、対象患者たちの語った内容が死の否認、絶望感、あきらめから、幸福感、希望、自己決定への意欲へと変化していたことを記述している。同時に患者とのかかわりに戸惑い避けていた看護師たちが、ケアを具体的に提案したり、多様な価値観に気づかされ、患者と時間と空間を共有することを意味のあることとして受け止めるように変化していたことを発見した。

(3) 精神障がいの看護の現場で

スティバストら（Stivast & Abma, 2008）は患者の主観的経験である物語を中心すえた精神科看護を展開するために、健康を人生経験の意味を付与するプロセスの展開として強調したニューマンとパースィーの看護理論と、リクールの解釈学を組み合わせたナラティヴ・アプローチを行った。参加者（患者）に写真を撮ってきてもらい、それを仲介して感じていることを話し合う構造化されたグループセッションを八回二セット行い、患者のライフストーリーを理解することで毎日の看護ケアに生かそうという取り組みである。エレンの事例で、内的世界の投射である模倣（mimesis）と社会との関係で演じる見かけ（performance）の概念を基に、苦悩の確認、苦悩の中にいる、苦悩するようになることと、エレンと看護師は新たな視点を見つけ出しエレンが回復していったことを示した。道具としての写真は、患者が自分の人生における病いと、病いの経験を自分のライフストーリーの中で統合し再構成することと、また一方で、まだ言語化できない患者の内的世界を看護師が理解することを助け、看護師が癒す関係で患者に接することを可能にした。

逆にフォキラ・オイッコネンら（Vuokila-Oikkonen, Janhonen, Vaisanen, 2004）は、ナラティヴ・アプローチを阻害するものを明らかにした。患者への最適なケアに影響する別の理解の仕方や、異なる理解の仕方を得るために患者の語る物語を記述し理解することを目的として、急性期の精神科ケアにおける患者、重要他者、専門家の協働チームミーティングにおいて、性格、行為、状況、考え四つの要素で構成したナラティヴ・アプローチを導入した。十一場面をビデオで撮影し分析した結果、阻害していたのは専門家の支配的な態度であり、共有されるリズムの協調（トピックの共有によるアイコンタクト）は、ヘルスケア専門家によってコントロールされていた。

さらに、バーカーらは自らのグラウンディッド・セオリーの研究結果から、精神障がい者の社会復帰にナラティヴを生かしたTidalモデルを開発した。潮の満ち干のような人それぞれの固有の変化のプロセスに焦点をあて、その人自身の声を重視し、メタファーの力を通して人間にとっての経験の意味を明らかにしようとする。専門家が指図するのではなく、回復に向けてその人自身がエンパワーするように、何が必要で役に立つのかをその人と共に考え、その人の主体性を尊重して持てる力を発揮できるようにすることが目的である。

- 好奇心の美徳に対する信念、すなわち人はその人自身の人生とその問題に関する世界の支配者である。真摯な好奇心を示すことで、専門家はその人の物語の「なぞ」について何かを学ぶことができる。
- 問題、欠点や弱点よりも、資源としての力に着目する。回復への船出に助けとなるようなその人にとって利用可能な資源を、個人と対人関係の両面から探す。
- 押し付けがましく振舞うよりも、その人の願いに対して敬意をあらわす。その人にとって何が最善かを理解できるような示唆を与えてくれる。
- 機会として危機を逆説的に受け止める。挑戦的な出来事は、何かをする必要があるような合図であり、生き方を変える機会になるかもしれない。
- すべてのゴールの認識はその人が所有すべきである。回復への道の小さな一歩かもしれない。

・ゆとりを求めることに価値を置く。精神科のケアと治療は複雑で戸惑いがちである。その人が前進するために必要な変化を成し遂げられるよう、できるだけ単純な方法を探すべきである。

以上、六つの哲学的前提に基づき、その人自身の声を尊重し、その人自身の語る自然な言葉を尊重する介入モデルで、日本にも導入されている（Buchana-Barker, 2008）。

(4) 家族看護の現場で

人の心を理解するために、心理学の創始者であるブントは相手の語りに着目した。この流れを汲んだフロイトは、語ることに癒す力があることを発見しカタルシスと名づけた。また一方では精神障がいに苦しむ患者たちの語りに、フロイトなりの解釈を加え精神分析理論を開発した。精神分析理論以後様々な対人関係論や自我理論が開発されたが、それでも解決できない限界に突き当たった。そこを乗り越えようとしたところから家族療法や理論へと発展した。それらには構造理論、構造－機能理論、サイバネティックス理論、システム理論、コミュニケーション理論、ベイトソンの認識論、ホワイトらのナラティヴ・セラピーとミラノ学派などがある。時代を追って家族を外側からコントロールする治療者から、逆に家族に眺められる治療者、ひざを交えて家族と同等な立場での治療者、むしろ家族が主導する関係へと、治療者と家族との関係が変化してきたことは注目に値する。

そのような家族理論の影響を受けたライトらは、アセスメントモデル、家族介入モデル、ビリーフモデルという一連のカルガリー家族看護モデルを開発してきた。ビリーフモデルでは健康にかかわる「拘束的ビリーフ」と「助成的ビリーフ」とに着目し、前者は修正することに、後者は強化することに焦点を当て、家族と共に物語を織り成していく（Wright, Watson, Bell, 1996）。

家族看護におけるライトらのナラティヴ・アプローチは、問題につながる家族および家族それぞれが語る内容や筋が違おうとも、話をするということの価値を無視しないことと、耳を傾けてもらっていることに根ざした癒しに着目し、一人ひとりの苦しみの、それぞれの話の根源を説明するあるいは脱構築することに焦点を当てる。このアプローチの前提は、事実は多面的であり、同等に価値がある。誰にとっても客観的であるというような事実は存在せず、社会や文化の中にある支配的な信念のコンテクストから自由ではありえない。また、問題といわれるものも社会的に構築されたものであり、外在化することで振り返ることを可能にすることである。

看護師が家族のことを正直に理解し学びたいと思い、心から関心を寄せるという信頼関係があり、かつ尊厳が守られているという脈絡でこそ家族は看護師に物語を語る。物語はある家族の生き様の一つの事実であり、その物語を共に分かち合う人々の人生を映し出す多面的な鏡である。ナラティヴ・アプローチでは、看護師は語られた物語に積極的に耳を傾ける。共に問題に名前をつけ、それと取り組む道筋をつける。家族それぞれのユニークな目標に向けて家族と看護師が協働して物語をつむぐ。その行為や気づきの背景にある考え、解釈、信念、価値、動機を検討して、家族、親戚、友人、同僚、社会へと家族の物語の聴衆を広げる。このようにして理解や信念の宝庫としてナラティヴを用いることは苦しみだけではなく試練を潜り抜ける強さも大切にして、家族を支えることを可能にする。看護師がクライエントにケアリングするだけではなく、看護師はクライエントからケアリングされることの価値を理解して身に着けていく（Moules & Streiberger, 1997）。

(5) 教育の現場で

一九八〇年代に看護教育では、画一的に教育する機械論的工学的モデルに基づく行動主義的な内容中心の教育から、どう学ぶのかを学ぶ学習者の主体性を重視する教育へのカリキュラム改革が起こった。これをきっかけに学び方を学ぶ教育方法として周辺参加型学習、問題発見型の学習（PBL）、クリティカルシンキングなどが教育に組み入れられてきた。二〇〇〇年以降は、相互作用を重視した構成主義的な教育が取り入れられつつある（小山, 2003）。

この動きの背景には、医療現場の抜き差しならない現状がある。看護師になるために覚えなければならない内容は加速的に増え、一方では医療は劇的に変化し複雑化している。そして、現場は不確実で矛盾に満ちている。現場の看護師は常に実践と理論との間のギャップに苦しんでおり（Tomey & Alligood, 2005）、看護教育を刷新していく必要に迫られている。理論の後に実践を積み上げるモジュール式専門家カリキュラムでは、学生は十分な実践能力を身に付けずに卒業しているという批判に加えて（Shön, 1983）、教育や実践でのヒエラルキー、一方向性の教育、ものごとを単一的価値に押し込めてしまう可能性に対しても、疑いの目が向けられるようになった。

ディーケルマン（Diekelmann, 2001）らは一五年を超える学生、教師、実践家の経験の研究から、ナラティヴ教授法を編み出した。既存の成果能力ベースの教育、PBL、クリティカルシンキング等の普通のカリキュラムや指導モデルを否定せず、（例えば批判理論、フェミニスト、現象学的、ポストモダンの）解釈的教授法を付加する。学生、教師、実践家に「看護の教育ということで、学生、教師、臨床家であることの意味を痛感した時の話を話してもらえますか？」と質問し、参加者からナラティヴ・テクストを得る。アメリカ合衆国四〇州の二〇〇人が参加し、テクストを読み、一つの正解を求めるのではなく解釈の違いを認め合い解釈しあう対話をする。対話のポイントは脇に追いやられた人々を尊重することと、立場を越えてフェアであることである。

乳飲み子を抱えた貧乏学生が夫に逃げられ、成績も最低なので教員はとても冷たく見え、プライベートな相談もできずにいた。ある日実習で誤薬をしてしまう。その時、臨床の看護師が温かいコーヒーを入れてくれ、間違いは誰にもあるし、ナースになりたいんでしょといってくれた。ほんの些細なことでも全く世界が変わる。

右記のような物語という事例を通して、日々の実践や教育に照らして学生、教師、実践家が一緒になって話し合い、それぞれがそれぞれであることの意味を相互の対話の中で探求し続け、学ぶことの意義を振り返り深く多角的に考えることから学び、カリキュラムの作成にともに携わる（Ironside, 2006 =2008)。

4　看護学におけるナラティヴ・アプローチ

看護学におけるナラティヴ・ナレッジの発掘では、患者と看護におけるナラティヴの知に貢献し、語りのエビデンスを提示する。それを読んだ人がいつか何かに活用するであろう知である。その反省を迫るナラティヴは、医療や看護を受ける側からの世界を浮かび上がらせることで、自らの中にある問題に批判的な視点を向け、ケア提供者に真摯に向き合うことを迫る。けれどもケアをする人とされる人との間での具体策は提示しない。どう実践を構成しなおす（に生かす）かは、読者の解釈による知の内在化次第である。

では共に現実を創るナラティヴではどうか。周辺領域からはじまっており、多くは社会正義の要素を含む。また、ケアをする／されるという現場での対話の実践で、かつ実践が変化するという特徴がある。そのような実践では、ケアされる人自身の語りからプロットもしくはテクストのつながりを理解し、同時にケアをする人の反省を通してケアを再構成する。いいかえれば、ナラティヴとの対話を通して他者の経験の意味を意識化することで気づき（シェーマの変更）がもたらされる。それを他者／自己へとリフレクションすることで思い込みから開放され実践（生きる意味）に変化が起こる。変化はケアをする側にも、される側にも起きる。なぜなら、変化は対話を通して相互に映し出した／創り出した現実だからである。そして、その変化において自らの中にあった力に気づくとき、エンパワーメントが起こる。

看護学におけるナラティヴ・アプローチの研究法では、ライフヒストリー、ライフストーリーと、解釈学的現象学、ナラティヴ・アナリシス等（Emden, 1998; Halloway & Freshwatrer, 2007）が組み合わせられ、個人の主観を重視する事例研究法が多く用いられている（Priest & Roberts, 2002)。その哲学的土台は、ホワイトらのナラティヴ・セラピー、ハイデッガー、ガダマー、リクールらの解釈学であり、フリードソンらの批判理論、ブルーナー、ガーゲンらの社会構成主義、ポルキングホーン、グブリウム&ホルスタイン、サンデロウスキー、ラボフとミシュラーのナラティヴ・アナリシスを基盤にしている。ワトソン、ベナー、ニューマン、パースィーらの看護理論とよくなじむ。

まとめると「ナラティヴ・アプローチ」＝「その人の人生や語りと自分との対話」＋「解釈学的現象学等／ナラティヴ・アナリシス」＋「リフレクション」であり、少なくとも次の要素を網羅する。

- 語り手は聞き手に語りたいと思っており、聞き手は語り手の話を聞きたいと思っている。
- ナラティヴをその語り手と聞き手が共有して、何かにアプローチしている。
- ナラティヴを主導するのは語り手である。
- 語り手のナラティヴの中に在るつながりを、価値のあるものとして尊重している。
- 結末や目標はあらかじめ規定せず、むしろ様々でありうることや変わりうることに価値をおき、またそこに至る道も様々であるという可能性に開かれている。
・語り手と聞き手が水平の関係で協働して取り組むことを前提としている。
・語り手と聞き手（読み手）との対話の中で新たに語りなおされ、書き直される可能性に開かれたものである。

特に死期が迫っていたり、積極的な治療方法がないとなると、看護師の足は遠のく。病気を受容していなかったり、治療を拒否していたりすると、相手を責めたくなる。そうした現場で感じる噛み合わなさは、むしろナラティヴ・アプローチの契機となる。また、ナラティヴ・アプローチは精神障がいや慢性疾患を抱えて生きる時、その人の人生や日常生活の中でのつながりとの関係から病いを捉えなおし、解決策を一緒に探すことで、新たな可能性を開く。だから息詰まった／行き詰ったら対話から始めよう。ゴットリーブら（Gottlieb, Feeley, Dalton, 2005=2007）も、その人（≠患者）と家族を尊重し、医療の中の力関係に自覚的に目覚め、協働的パートナーシップへと、その人と家族と共に膝を交えて話し合い、目標そのものを作り出し、一緒に解決する道を探し始めている。

ナラティヴ・アプローチは人間性の回復に向けたケア実践におけるパラダイム転換である。それは看護学の領域にとどまるものではなく、つながりのプロセスとして共に社会を構成していくことへの要請である。また、人とかかわることが抜き差しならない実践（学問）に共通した時代の思潮が根底にある。そこを踏まえると対話に基づく相互の変化を含まない、ナラティヴを単なる分析のためのデータとして扱うだけのやり方では、ナラティヴ・アプローチと呼ぶには無理がある。思潮を押さえれば、看護師は看て触れて話す日常の看護ケア実践を介して、ケアを受ける人と共にその人の人生を創っていく機会に実は恵まれ、かつ逆説的に関係の中の倫理に埋め込まれてもいる。

注

（1）三三理論を本書では紹介している。薄井理論、レヴィンの理論、トーマスの理論、後に触れるTidalモデル、Briefモデル、ゴットリーブらのMcGill看護モデルなども加えると四〇を超える。

（2）詳細はPeplau, H. E., 1952を参照。二版は邦訳がある。

（3）詳細はOrlando, I., 1961 稲田八重子訳＝1964。

（4）詳細はTravelbee, J., 1966を参照。二版は邦訳がある。

（5）システィマティック・レビュー以外のレビューをいう。同じ問題に取り組んだ、方法論の異なる研究の文献検討法に対してYeeとSchulz（2000）は「ナラティヴ・アプローチ」という用語を当てているが、メタスタディという方が妥当だろう。Yee, J. & Schulz, R., 2000. を参照のこと。

（6）http://www.dipex-j.org/index.html

参考文献

Benner, P.（1984）*From novice to expert–Excellence and power in clinical nursing practice*, Addison-Wesley Pub. ＝(1992) 井部俊子監訳『ベナー看護論』医学書院

Bennett, L.（2008）Narrative methods and children: theoretical explanations and practice issues,

Journal of Child and Adolescent Psychiatric Nursing, 21 (1) 13-23.
Boykin, A. & Schienhofer, O. (2001) *A Model for Transforming Practic*, Jones & Bartlett Pub.=(2005) 多田敏子、谷岡哲也監訳『ケアリングとしての看護―新しい実践のためのモデル』ふくろう出版
Bruner, J. (1986) *Possible worlds, Actual minds*, Harvard University Press.=(1998) 田中一彦訳『可能世界の心理』みすず書房
Buchana-Baker, P. & Barker, P. J. (2008) The Tidal commitments: extending the value base of mental health recovery, *Journal of Psychiatric and Mental Health Nursing,* 15, 93-100.
Carper, B. A. (1978) Fundamental patterns of knowing in nursing, *Advances in Nursing Science,* 1 (1) 13-23.
Carter, B. (2004) Pain narratives and narrative practitioners: a way of working 'in-relation' with children experiencing pain, *Journal of nursing management,* 12 (3) 210-216.
Chambliss, D. F. (1996) *Beyond Caring: Hospitals, Nurses, and the Social Organization of Ethics*, The University of Chicago Press.=(2002) 浅野祐子訳『ケアの向こう側―看護師が直面する道徳的・倫理的矛盾』日本看護協会出版会
千葉恵子・森頼子 (2006)「ナラティヴ・アプローチを通したケアリングパートナーシップへの影響」『日本看護学会誌』第三十七回成人看護II
Chinn, P. L. & Kramer, M. K. (2008) *Integrated theory and knowledge development in nursing.* Mosby Elsevier.
Diekelmann, N. (2001) Narrative pedagogy: Heideggerian hermeneutical analyses of lived experiences of students, teachers, and clinicians, *Advances in Nursing Science,* 23 (3): 53-71.

Diekelmann, N. F. (2002) *Do No Harm: Power, Oppression, and Violence in Healthcare*, University of Wisconsin Press. =(2006) 堀内成子監修『あなたが患者を傷つけるとき』エンゼルピアジャパン

Emden, C. (1998) Conducting a narrative analysis, *Collegian*, 5 (3) 34-39.

Gottlieb, L. N., Feeley, N., Dalton, C. (2005) *The collaborative partnership approach to care-A delicate balance*. Elsevier Canada. =(2007) 吉本照子監訳『協働的パートナーシップによるケア』エンゼルピア・ジャパン

Greehalgh, T. & Hurwitz, B. (1998) *Narrative Based Medicine: dialogue and discourse in clinical practice*. BMJ Books. =(2002) 斉藤清二・山本和利・岸本寛史訳『ナラティヴ・ベイスト・メディスン―臨床における物語と対話』金剛出版

橋爪祐美・松田ひとみ (2006)「ナラティヴ・アプローチによるケアの意味」『プライマリ・ケア』二十九巻二号

Holloway, I. & Freshwater, D. (2007) *Narrative research in nursing*. Blackwell Pub.

ディペックス・ジャパン (2008. 11. 15) 健康と病の語りデータベース (http://www.dipex-j.org/index.html)

Ironside, P. M. (2006) *Research-based pedagogies for nursing education: Enacting narrative pedagogy*. =(2008) 和泉成子訳「看護教育のための研究に基づいた教育法―ナラティヴ教授法」『看護と実践の科学』三十巻十号

小山眞理子 (2003)『看護教育の原理と歴史』医学書院

Moules, N. J. & Streiberger, S. (1997) Stories of suffering, stories of strength: narrative influences in family nursing. *Journal of Family Nursing*, 3 (4) 365-377.

Öhman, M. & Söderberg, S. (2004) District nursing: sharing an understanding by being present. Experiences of encounters with people with serious chronic illness and their close relatives in their homes. *Journal of Clinical Nursing,* 13 (7), 858-66.

Orlando, I. (1961) *The dynamic nurse-patient relationship*. G. P.Putunam's Sons. =(1964) 稲田八重子訳『看護の探求―ダイナミックな人間関係をもとにした方法』メヂカルフレンド社

Peplau, H. E. (1952) *Interpersonal relations in nursing*. G. P.Putnam's Sons.

Priest, H., Roberts, P., Woods, L. (2002) An overview of three different approaches to the interpretation of qualitative data. Part1: theoretical issues. *Nurse Researcher,* 10 (1), 30-42.

Rodgers, B. L. (2005) *Developing nursing knowledge philosophical traditions and influences*, Lippincott Williams & Wilkins.

Sackett, D. L., Straus, S., Richardson, S., Rosenberg, W., Haynes, R. B. (2000) *Evidence-Based Medicine: How to Practice and Teach EBM-2nd ed*, Churchill Livingstone.

Shön, D. (1983) *The Reflective Practitioner: How Professional Think in Action*. Basic Books.= (2001) 佐藤学訳『専門家の知恵―反省的実践家は行為しながら考える』ゆみる出版

Stivast, J. E. & Abma, T. A. (2008) Photo stories, Ricoeur, and experiences from practice: a hermeneutic dialogue. *Advances in Nursing Science,* 31 (3), 268-79.

Thomas, S. P. & Pollio, H. R. (2002) *Listening to patients-a phenomenological approach to nursing research and practice*, Springer Pub. Co. =(2006) 川原由佳里監修『患者の声を聞く―現象学的アプローチによる看護の研究と実践』エンゼルビアジャパン

Tomey, A. M.& Alligood, M. R. (2005) *Nursing theorists and their work 6th ed*. Mosby.

Travelbee, J. (1966) *Interpersonal aspects of nursing*. F. A.Davis.

Vuokila-Oikkonen, P., Janhonen, S., Vaisanen, L., (2004) 'Shared-rhythm cooperation' in cooperative team meetings in acute psychiatric inpatient care, *Journal of Psychiatric Mental Health Nursing,* 11 (2), 129-40.

Welford, C. (2007) *Preparing undergraduates for practice placements in gerontological nursing, Nursing Older People1,*9 (9), 31-4.

Wright, L. M., Watson, W. L., Bell, J. M. (1996) *Beliefs-the heart of healing families and illness*. A Subsidiary of Pursues Book. =(2002) 松下和子監訳『ビリーフ―家族看護実践の新たなパラダイム』日本看護協会

Yee, J. & Schulz, R. (2000). Gender difference on psychiatric morbility among family caregivers: A review and analysis. *The Gerontologist,* 40, 147-164.

第五章　私の家族療法にナラティヴ・セラピーが与えた影響

ナラティヴを取り入れた新たな家族療法の臨床実践

吉川　悟

1　家族療法からナラティヴ

家族療法とナラティヴ・セラピーの繋がりは、知る人にとっては周知であり、知らない人にとっては、驚きの事実に聞こえるかもしれない。家族療法の世界では、一九八〇年代に「理論と実践の解離」の時代が続き、それまでのシステム理論やサイバネティックスという認識論を敢えて脱ぎ捨てようとしているかのようであった。そして、構成主義（constructivism）から社会構成主義（social constructionism）という新たな認識論による家族療法が実践されるようになり、以後一九五〇年頃から使われてきた「家族療法」の名称さえ、「ナラティヴ・セラピー」に切り替えられるようになった。

しかし、新たな方法論や認識論と共に登場したナラティヴ・セラピーも、やはり家族療法の歴史と同様にいくつかの立場に分裂し、そのキーワードである「ナラティヴ」と「社会構成主義」を核として、より統合的に見なされるようになってきている。そこでは、本質主義から相対主義まで、振り子の重りが端から端まで振れ、ゆっくりと真ん中で統合的な方法論へと回帰しはじめてもいる。

本章では、こうした家族療法からナラティヴ・セラピーへの流れの中で、臨床実践にどのような移り変わりとしてあらわれてきたか、論者の「語り」を含めて報告することとする。したがって、臨床的な家族療法からナラティヴ・セラピーへの論者の変遷を、ナラティヴ・アプローチとして使い分け、臨床実践の移り変わりと共に、ナラティヴ・アプローチの臨床的有効性の一部を提示できればと考える。

2　私にとってのナラティヴの実践初期

振り返って自らの実践の基礎である日本における家族療法の歴史と共に概観すると、やや不思議な感がする。それは、一九九六年以降、憑き物に憑かれていたかのような「ナラティヴ・セラピーへの傾倒」から、現在ではその影はあまりにも自らの中で語られることが少なくなっている。しかし、だからといって一過性の流行病のような「ナラティヴ・セラピー」の影響が消失してしまったわけでもない。したがって、ここから少し著者の個人史的記述になることをお許しいただきたい。

一九九二年、何を思ったのか、第一回欧州家族療法学会というイタリアで開催された国際会議に参加することとなった。それまでにおつき合いのあった渋澤田鶴子先生からのお薦めであった。まだ家族療法一〇年未満の未習熟の段階ではあったが、当時の日本では「ミラノ派ができない家族療法家は、家族療法家ではない」という不文律があり、臨床実践に関してはアグレッシィヴで、とにかく「現物を見てみないと」という姿勢であった。しかし、帰国時には死ぬほどガッカリして、何だかやることがなくなってしまったかのような気分であった。

翌一九九三年に拙著を公刊したが、前述の家族療法への不満から一切「介入技法」に触れることをしなかった（吉川，1993）。当時の日本でブームとなっていた家族療法は「介入技法の模索」だったからである。拙著を公刊してからいろいろな機会に先達とお話をさせていただくことが増え、自らの臨床的姿勢を「世間話療法の実践」として話していた。しかし、どうも上手く通じない。しかも、「世間話」というキーワードがよくないのか、「臨床をナメているのではないか」とのご批判も多くいただいた。

今も同様であるが、当時から私にとっての臨床行為は、クライエントや家族にとって必要以上の重みづけのあるものであってはならないという前提があった。特に、人間的成長を目標とする多様なアプローチの必要性は十分理解しているつもりであるが、臨床行為がサービスである限り、面前のユーザーが求めている以上の目的性を治療者がそこに持ち込むことに対する抵抗が常にあった。

したがって、専門用語は学会で使うもの、日常用語は臨床で使うもの、という分別は、臨床実践を積み重ねるにしたがって、決定的なものとなった。この「世間話」というのが、ナラティヴ・アプローチという側面での臨床実践のキーワードとなっている。

当時、「家族が治療についてどう語るか」は、システムズアプローチの治療において、重要な治療効果に関する大きな評価であると考えていた。それは、前述したようにシステムズアプローチという治療の場が個人の成長を補填するための場ではなく、あくまでも問題解決のために一時的な治療関係が構成されるべきと考えていたからである。システムズアプローチが人間関係の調整によって変化を導入するという方法論である以上、治療の終結は日常的な個人の成長の場として家族がどう位置づくかが重要だと考えていたからである。そのため、治療的行為の有効性を証明するためにも、治療者として要請された問題を改善することが目的であり、その終結段階での「家族の語り」には、大きな意味があるとの確信があった。そこで、一九九三年の日本家族心理学会において『治療終結段階の患者・家族の「物語作成」』という演題で、当時著名な存在となりはじめていたホワイトの「物語りモデル」との相同について論じた（吉川他, 1993）。

その後、臨床に対する興味関心の移り変わりから、一時期ナラティヴと離れていた感がある。それは、システムズアプローチという臨床実践が科学的であることを前提とすべきと考えていたからである。「仮説―介入―情報収集」というサイクルを行動科学的側面で説明できるという幻想は、人間科学にとって不可欠で、「サイバネティックス」に傾倒した。ウィナーにとっては、人間の行為を情報として変換することができ、人間間の行為に関する説明言語が創造されると考えていた(Wiener, 1961)。そして、サイバネティックスを取り入れようとした時、二人の巨人に出逢った。一人はベイトソンであり、一人は「頭脳への設計―知性と生命の起源」を著したアシュビー(Ashby, 1952)である。情報科学が人間科学との架け橋になるに違いないと思ってはいたが、臨床を続けるか、情報科学に徹するのかという二分法に至ってしまった。結果、数学的才能のなさのおかげで、今も臨床実践の場に身をおいているが、この分岐が以後のナラティヴ・アプローチへの傾倒に繋がっている。それは、情報科学ですくいきれない情報が、人間関係に不可欠な「対話」の中にあらわれるからである。現在も認識論としての柔らかなサイバネティックスの考え方は捨てきれず、コントロールが臨床実践の中心的課題だという考え方は変わらないものの、その限界が意識でき、その補塡するものがナラティヴ・アプローチだと考えられるようになった。

3　臨床の考えにナラティヴを取り込む

では、臨床実践においてナラティヴをどのように取り入れ、吸収するようになっていったのか、その経緯と現在の方法論のガイドラインを示すこととしたい。まず、矛盾することのように聞こえるかもしれないが、「ナラティヴを取り入れた」という実感がないことである。約一〇年間多くの臨床場面で何をやってきたかと問われれば、「クライエントや家族と話をしていた」のであって、

「クライエントや家族を治した」のではない。

一九六〇年代の科学的前提を説明枠組みとした堅い家族療法から得るべき方法を獲得し、一九八〇年代の治療における治療者の行為の影響性を視野に入れるべく工夫をした治療システムという視点を手に入れ、その上でナラティヴを家族療法の臨床的な発展として理解することはできた。それを決定づけたのは、一九八八年にグーリシャンらが示したシステム理論の前提を根底から揺るがす論文である（Anderson et al., 1986）。彼らの論点は、臨床実践を行っていれば何気なく意識していることで、「問題について語ることによってシステムが構成される」のであって、「家族や任意のシステムに問題が生じるのではない」という視点であった。

かくして、ナラティヴ・セラピーという方法論を説明する新たな認識論として、社会構成主義の考え方が素直に吸収できた。人間関係に関する表現や認識は、あくまでも羅生門的問題であるのが普通であり、それに準じて援助を考えることが重要だからである。その家族療法の発展としてのナラティヴ・セラピーのガイドラインは、拙著にも記したように『ホワイトのナラティヴ・セラピー』『リフレクティング・チームによるナラティヴ・セラピー』『コラボレイティヴ・アプローチによるナラティヴ・セラピー』と大別できた（高橋他, 2001）。

臨床実践、特に家族療法やシステムズアプローチという方法論は、人間関係のあり方を変えることを実践としている。そのため、必然的にそこで交わされる人間関係の妙が透けて見える。それは、彼らが語ることそのものが、すでに彼らの人間関係のあり方を反映しているからである。より正確な表現を用いるならば、治療者にとって複数の人間関係で語られている類似するテーマの「語り」そのものが、彼らが自分たちの関係をどのように見ているかを参照した上で語られている、と考えられるようになったからである。

4　再び家族療法にナラティヴを取り込む

さて、ここまでの過程で私にとっての「世間話療法」は、社会構成主義という理論背景もあって、援助職の専門性という当たり前のことを当たり前のように主張してもよいことに近づいた。それは、サービスの対象者が「人」だからである。したがって、「人」という科学的に予測できる対象ではないものとどのように対峙できるのか、対峙するだけではなく、どのように沿えるのかということでもある。社会構成主義の具体例として引用されることが多い芥川の『藪の中』と同様に、人は自らが生きるために必要な「語り」を作り上げる存在である。そして、その「語り」は、それを聞き取る他者にとって「出来事の説明」となり、より広がる中で「本当にあった出来事」になる。それぞれが「自らのために語ること」が、その語りの受け手によって「本当のこと」として受け取られてしまう危険性がある。

これまでの長きにわたって、科学であるためには、一定の記述形式に則った記載が求められてきた。そして、その多くは、科学的であるかどうかはともかく、日常の何気ないことから、特別な

「知恵」を生みだすことに大きな価値があるとされてきた。しかも、多くの人にとって必要なこと、役立つことであったが故に、「普遍性」として認識されている。それは、ある定まった見方のない『藪の中』に普遍性という「本当のこと」ができあがることであり、そのものが我々の日常だからである。これを臨床面接の場に置き換えれば、臨床行為の理論背景には「科学的でなければならない」という縛りがかかっていた。しかし、人が生きていくために自らを「語る」という特殊性をローカルな知恵として、個々にローカルなものだとして考えることはできないのだろうか。臨床心理学では、「個別性」という言葉を用いて、個々のクライエントの特徴が異なることを示しながら、アセスメントという名の類型化によって、専門性を裏づけるために「普遍性」を要請しているのである。

こうした「個別性と普遍性」に対する新たな視座が、極論するならばアンダーソンが現在まで主張しているコラボレイティヴ・アプローチに至るのかもしれない（Anderson et al., 1988）。彼らは、「治療システムとは、問題によって決められ、問題を編成し、問題を解決せずに解消するシステムである」という名言を示している。臨床面接という場が成立するのは、「人」が来談するからではなく、「語り」がそこで作られるからである。それは社会的に「問題」とされたことを解消するための「語り」であり、その「語り」がモノローグではなく、そこに参与する治療者という人との間でのダイアローグとして成立する。そして、面接において変わるのは、「人」ではなく「語り」が変化するだけである。

このような視点を提供されたことにより、私の臨床の場での姿勢に変化が起こった。以下のいくつかの特徴が、社会的にもナラティヴ・セラピーを受け入れやすいものとしていたと考えられる。まず、人を操作可能なものとしてみるサイバネティックスなどの視点と共に、同様の重みづけとして、治療者が面接をダイアローグとして成立させる責任を負う場であるという、二つの異なる考え方の同時使用である。誤解のないようにしていただきたいのだが、これはナラティヴ・セラピーというものに同調したわけではない。それは、今の日本では、臨床サービスという行為がまだまだ成長過程にあり、まやかしや詐欺ではない臨床行為を提供することが、不可欠な行為だからである。また、サイバネティックスに基づく認識を学術的な説明の道具として活用しようというものでもない。臨床行為の記述はクライエントに対する記述に埋め尽くされ、そこに治療者がどのようにかかわったかについての記述の価値があまりにも低いため、事例記述に対しての新たな取り組みも同様に必要である。ここで述べている姿勢は、いわゆる「折衷」ではなく、異なるものを異なるままに同時に用いることである。

そして、グーリシャンが重視した「未だ語られていない物語 yet-unsaid narrative」を語れるようにするための「治療的効果のある質問」をより効果的に行うことである（Anderson et al., 1992）。質問の効果に関しては、一九八〇年代から様々に取り組み、旧来の家族療法の立場での質問の効果を整理した。しかし、ナラティヴにおける質問のもたらす意味は、旧来の家族療法とは異なる目的性を含んでいる。特に「自分がその質問の答えを予想することができない質問であるか」、「どのような語りや意味や情緒的変化を語れるようにできるための質問か」などは、家族療法という人間関係を直接的に扱うためには不可欠な「語り」を引き出すものである。いわば、人間関係における情緒的側面をより柔軟に面接の中に取り込むことのできる最上のツールが質問の精度である。

また、ナラティヴ・セラピーの説明枠組みは、「人の個別性」を基礎としているため、その個別性をより強調し、個別性というものに対する新たな視点を提供できる可能性がある。臨床心理学では、事例性と個別性が類似の用語として誤用されることさえ少なくない。ナラティヴが提供できる可能性は、より事例性の意味に近いと思われがちである。しかし、特殊な意味として見なされるのは、その治療で起こった出来事そのものであり、それは新たな意味での個別性として位置づけられるべきものだと考えるからである。

ただし、ナラティヴが持つ最大の科学との相反は、臨床行為を科学的に証明するという前提からかけ離れてしまったことである。人間科学において、臨床的実証が唯一無二の優位性を保つものではないはずだが、だからといって意味のない私小説では決して許されない。相対主義の前提に立つかぎり、科学の「本質」を否定するものではない。むしろ、ナラティヴは、人間科学という新たな領域での科学的実証の可能性を模索することが、自然科学と人間科学との棲み分けを作り出せる可能性を示しており、そのことが現在の狭い意味での科学を根底から揺がせられると考える。

5　治療者の違いは事例表記にあらわれるか

さて、本章での議論をより明確にするために、少し実験的な試みで事例を示してみたい。

以下に提示する事例は、少し変わった経緯で私がお会いした事例である。まず、娘さんがクライエントとして二五歳の時に家族で来談され、二年後に母親がクライエントとして再度来談している。本事例の面接を行った時期の私は、ちょうど本格的にナラティヴを臨床に取り込む前後であり、最初の娘さんがクライエントの面接（以下、「第一期面接」と記す）では、インテンシィヴな家族療法を実施し、二年後の母親がクライエントの面接（以下、「第二期面接」と記す）では、ナラティヴを取り入れはじめている。それぞれ異なる学会等で発表したときの資料をほぼそのままにしてあるので、その違いについて考えていただきたい（吉川, 1997, 1999）。

［第一期面接］

主訴：長女が抑うつ的で衝動的である

家族：父親（五二歳、自営）、母親（五〇歳、主婦）

長女（二五歳）、長男（二一歳）、次女（一九歳）

経過：長女が二一歳時、職場内で彼氏ができるが、彼氏からの度重なる言語的・身体的攻撃に対して自虐的となり、二二歳より徐々に抑うつ的な言動が出現しはじめる。二三歳時に両親が強制的に彼氏と別れるよう説得し、物理的分離を含む方法を講じたが、より一層顕著に不安定な状態となり、来談した。

二五歳の規子さん（仮名）、そしてその家族四人の相談は、ある高名な精神科医からの紹介ではじまった。しかし、いつまでも世間話が続き、相談内容についての話にならない。彼らの言葉のパズルを組み合わせると、「家族のことで……」ということ。皆目見当がつかない。治療者だけが緊張し続け、いたずらに時間だけが過ぎてゆく。仕方なく治療者から規子さんの重い口を開けにかかると、微笑んでいたはずの口元から発せられた言葉は、「一年以上も、家族にも内緒で精神科医の所に通っていた」という爆弾発言。

規子さんは、自分でもよくわからないまま、ちょっとしたことで落ち込んでしまい、自殺まで考えたとのこと。これまでの経過を語る様子は、ただ事ではない雰囲気があった。それに呼応するように、家族の様子も、先ほどまでの笑いや微笑みはなく、むしろ水を打ったような静けさだけが返ってくる。

彼らが笑うことがなくなったのを幸いに、規子さんの妹と弟からも話を聞いてみた。その中で明らかになったのは、三者三様に同じことを語っている。それは、「どこがどうおかしいかわからないが、うちの家族は普通じゃない。第三者からは、すごく仲のいい家族に見えるかもしれないが、私たちは家族をやっているだけで、家族ではないし、それにも疲れている」という共通の話題。これを聞いていた父親は、見る見るうちに顔色が変わった。母親は、まだ一人笑いながら場にそぐわない雰囲気を醸し出していた。

治療者は母親に「何をおっしゃっているか、わかりますか」と一言。ついに母親は考え込みはじめた。そこに助け船のつもりで父親が話しかけた。「私にも何のことやらよくわかりません。これまでよかれと思って夫婦二人でやってきた。（母親の方を向いて）そうだろう」と。しかし、父親がなにげなく母親に求めた同意は、空をさまよってしまった。母親は先ほどまでと異なり、その視線を意図的に父親に合わせないようにしていた。治療者は、母親に一言。「お母さん、本当は何が言いたいんですか」と。

予想通りに母親は全てを語りだした。涙ながらにこれまでのことを、そして今後についての最悪の予想も。「本当はいい人だと思うんですが、一言多いというか、先回りしすぎているというのか。私自身も時々ムッとするんです。本当は、こんなことを言ったことで、後で叱られるに違いないんです。なによりこのまま子どもたちがいなくなってしまったら耐えられそうにない」。

父親は、微笑みながら何事もなかったかのように聞いていた。しかし、その笑い顔には、いかにも無理をしているのが見て取れた。一方、子どもたちは、母親の言葉を契機に、我が意を得たりと多弁になる。それは、いろいろなエピソードを真剣に、また笑いながら、そして涙ながらに一方的に語り続けた。そして、父親の存在がない時にしか見られないはずの現実が、まさに父親の存在をないものとしてその場で再現され、これまでの作られた表情とは別の自然な感情をだんだんと露わにしながら。

父親の笑い顔は凍りついた。そして、必死の形相で微笑みを示しながら、今にも泣き出しそうなほどの弱々しい声で語った。「先生、実は私自身が最近調子を壊していまして、長時間の集中ができないので、彼らが何をいっているのかわからないんです。娘にどうしてやればいいのかわからないなんてことがあってはならないはずなのに、本当にどうしてやればいいのか、不甲斐ない、お恥ずかしい次第です」と。治療者は、最も困っていたはずの娘にこう切り出した。「あなたに一つだけ聞きたいんだけれども、今自分の調子が悪いと感じるかな」と。娘は一言、「私は調子悪かっただけです。もう大丈夫な気がします」。

たった一回の相談で何が起こったのか。本当に娘の問題が変化したとは言い難いと思われるかもしれない。しかし、フォローアップで会った娘は、仕事をはじめ、職場内の様々な葛藤を豊かな感情で語っていた。

［第二期面接］

・初回面接：母親は「家庭が落ち着かないから娘（長女）が家出をするのだ」との立場からの話を繰り返す。治療者は、「どのように家庭が落ち着かなくなっているのか」を様々な視点から尋ねることを繰り返した。

Th：どうして落ち着かないと思ってらっしゃるんですか？
Mo：私から見て落ちつける環境じゃないって思うんです。
Th：どんなところがお母さんが落ちつけないって思われるんでしょう？

Mo：この子（長女）のことで主人が「もう聞きたくない」と言い出すと、誰もなにも言えなくなる雰囲気があるから、この子もあんな雰囲気はイヤだと思います。
Th：それは、お母さんでもしんどいなって思われることもあるくらいですか？
Mo：そうですね。私は昔から到らない妻だと言われて怒られてきましたし、主人の言うようにできないから、……私が悪いんです。

この初回面接では、母親のディスコース（discourse）がどのように変遷したかに注目した。この逐語にあるように、母親の「語り」は、『落ち着かない家庭→自分が落ち着かない→夫からの非難→自分の夫への加害的立場→自分の家族内での被害的立場→IPへの保護的立場→自分の主張が許容されない』という連関の中で、長女が家出をするという出来事との繋がりを示している。

Th：どうしてご主人があなたの落ち度だと指摘すれば、あなたが悪いことになるんですか？
Mo：主人は間違っていないし、私がいう通りにできないから、怒るんです。
Th：あなたがご主人に逆らい、結果的によかったってことはないんですか？
Mo：ないわけじゃありません。（あるエピソード）その時は私が反対したんです。主人は凄く怒りましたが、止めてよかったと思っています。
Th：そんな風にご主人を助けてあげることもできる力が、お母さんにあることをご主人はご存じなんでしょうか？

Mo：わかっていません。自分の思い通りにならないと怒ります。

Th：じゃあ、怒られても止めることが必要なことがあるとすれば、いつもあなたが悪いとは限らないんじゃないですか？

Mo：本当ですね、私が悪いわけじゃないんですね。

Th：わざわざご主人に怒られるように、わざと逆らっておられますか？

Mo：そんなことしたことありません。

Th：よかれと思っていることでも、自分の意に染まなければ怒るってことは、なんだか不思議ですね？

Mo：いいえ、主人は自分の思い通りにしたいだけ。……母からもあなたが合わさないのが悪いって言われてきましたから、……私が勘違いしていた。

しかし、治療者は「未だ語られていない物語」を引き出す質問（傍点の部分）をすることで、母親からこれまでにあまり意識していなかった「ご主人を助けるエピソード」を引き出し、母親の「語り」にこれまでにない空間を拡げている。

・第二回面接　来談者：母親（長女が付き添い）

Mo：やはり私が子どもたちを守り切れていないんだと思います。
Th：お母さんが守ってあげるべきだったって、どういうことですか？
Mo：子どもが自分のことを主張できなくなったのは、やはり主人がわたしに言う通りしろといい、私がそれをできないから、イライラさせてしまって、子どもを守ってあげられなかったんです。

母親が日常に戻ることで、母親の「語り」は初回と類似する立場に戻り、母親の訴えのディスコースは、『自分が子どもを守るべきである↓にもかかわらず、守りきる自信がなかった↓だから、子どもは十分な自己主張ができなかった』となっている。また、母親のオルタナティヴ・ストーリー（alternative story）は、夫との関係については変わっていたが、それを子どもに当てはめて再度「自分が問題である」との「語り」を構成していた。

そこで、この母親の「語り」をより多様に子どもとの関係の中の話題に拡げることで、母親の「語り」の空間が広がるか、これまでと異なる部分についての語りが登場するか、いくつかの質問を交わしてみた。

Th：子どもさんたちが幼い頃は、彼らはお母さんにどんなふうに甘えていて、どのように対応されていたんですか？
Mo：幼い頃はそれぞれにワガママも言っていました。私にいろんなことを話してくれて、……それなりに自分の意志をはっきり言っていたように思います。
Ｔｈ：お父さんに対してもそうだったんですか？
Ｍｏ：主人も子煩悩ですから、可愛がっていましたね。……むしろ少し甘やかし過ぎなほどだったかもしれません、何でも買い与えていましたから。
Ｔｈ：そうですか。昔はそれぞれに自分の思いをはっきり言うことがあったんですね？
Ｍｏ：そうですね、私には結構あれこれ言ってましたし、困ることも少なくなかった。……そうですね、中学からあまり言わなくなったのかもしれません。

このように、母親のディスコースは、子どもたちの幼少期の「甘える」という行為に焦点が向けられたことで、大きく変わりはじめた。それは、『子どもは甘えていた↓甘えることで意志表示をしていた↓子どもは自分の意志を伝える術を持っていた↓子どもを守る必要はなかった』というように母親の「語り」が変化した。そして、母親にとって「自分で自分を守ればいいのだ」という再度のリ・ストーリング（re-storying）のため、現在の時制に話題を拡げることとする。

Ｔｈ：お母さんが子どもたちをかばいきれなくなったことがあっても、それが幼い頃であれば、かわいそうかもしれませんが、彼らが大人になっても守ってあげる必要があるんでしょうか？
Ｍｏ：子どもの頃でも自分なりに考えていたし、大人っていうか、高校生くらいから自分の意志をはっきり示していたと思います。

Th：お父さんは子どもたちのそんな違いに気がついていたのですか？

Mo：主人は今も子どもは子どもで、自分と同じように親の言う通りしていればいいんだと思っているから、子どもが自分の考えを持っていれば、余計に邪魔になるのかもしれません。

Th：じゃあ、お母さんが助けてあげなかったら、どんな方法がいいか、子どもたちはお父さんに逆らう術を自分なりに身につけられると思いますか？

Mo：それは大丈夫です。（それぞれのエピソード）三人とも私より上手に父親に逆らっています。

Th：いつの間に彼らはお母さんと同じように必要なことははっきりと主張できるようになったんですか？

Mo：私が主人と言い合いになっているのを見て、そこからあれこれ考えたんだと思います。

Th：そんな助け方があるって意識されていたんですか？

Mo：でも、子どもって親を見てそこから学ぶものじゃないでしょうか。

・第三回　来談者：母親のみ

Mo：夫に自分の意志をはっきり言えるようになりました。

Th：どうしてそんな風にして見られる気持ちになったのですか？

Mo：自分でもよくわかりません。（あるエピソード）その時、自分でも不思議なくらい「それはお父さん、おかしいと思うわ」って言っていたんです。主人が驚いて動揺しているのもわかりました。どうして言えたんでしょう。でも、自分の考えを言えばいいんだ、これが私の考えなんだから、と不思議なくらい気持ちは平静でした。

Th：どうしてそんな平静でいられたんでしょう？　あんなに怖いっておっしゃっていたのに。

Mo：思った通りにすらすら口からセリフが出てきて、……主人が驚いていたのも気がつきましたし、……でも凄くかわいそうになってしまいました。（中略）主人がこのまま頑なになったままであっても、夫には私の意志をはっきりと言うことができると思います。

Th：ご主人とのトラブルが多発するかもしれませんが、どうされるつもりですか？

Mo：そうかもしれませんが、だからといって主人の言いなりになるのがよいわけじゃないと思います。主人が今後どうするかは私にはわかりませんが、でも何とかしたいと思います。主人は私がこんな風になったことに今は驚いて動揺しているのもわかりますが、落ち着いたら、私が自分の考えを言うようになったことをわかってくれると思います。

Th：ご主人はもともと優しい方ですか？

Mo：主人の母や子どもがいる時と、二人の時は違います。全然別人のようなものです。優しいんだけど、素直にそれが言えないことが多いんじゃないかと思います。

Th：それじゃどうされるのかな？

Mo：少しずついろんなことがわかってきたような気がします。主人のことも、自分のことも、だからこれからのことはどうするかゆっくり様子を見ながら考えればいいと思っています。

母親の大きな態度の変化は、その変化の大きさについて母親のディスコースにあらわれている。それは、敢えて記述するとすれば、『自分の思いが素直に言えた→主人が寂しそうに見えた→子どもたちは自分の道を歩き始めている→これからは二人になる→自分が誰かに手を貸す必要はなく、互いに手助けしてもらっているのが普通』であろうか。

以後二回の面接でも、母親はこれまでと異なる子どもや主人についての「語り」をくり返し、「自分がどうして落ち込んでいたのかわからなくなってきた」と語るまでになっていった。

・第六回面接　来談者：長女と母親（同席面接）

この面接の最初の段階での母親の訴えは、これまでのような自分や家族のこととは異なり、「長女が再度彼氏とつき合いたいといっているので、どう考えればよいか困惑している」というものであった。面接に同席した長女の訴えは、「はたして彼氏以外の結婚相手が現れるか不安だ」というものであった。

Ｔｈ：どうしたいと考えているの？

娘　：自分でも彼以上の存在が現れるとは思えず、だからといって彼と再度つき合うことはみんなが反対しているからよくないことだと思う。でも、彼と話してみて幻滅するのも怖いから……どうすればいいか迷っている。

Ｔｈ：一旦かかった魔法が解けることが怖いと思っているなら、魔法をかけられたままでいるのも、魔法を解いてみるのも、どちらが良いか迷うのが普通だと考えたことはないの？

娘：私が魔法をかけられた本人だから、魔法をかけられたと思いたくない。でも、魔法にかかったままじゃイヤだから、解きたいと考えている。でもそれでまわりを心配させたくない。

Ｔｈ：心配させないことが大事なの？

娘：そうですね、心配させないままではっきりすることってできないから、だから困っているんだ。

Ｍｏ：自分で考える力があるってことは、自分で試してみることだと気がつきました。この子の人生、私が迷う必要はないんですね。

その後、二回のフォローアップ面接でも母親と長女が来談し、それぞれの思いを治療者との対話の中で表現していった。そして数年後に母親から以下のように手紙が届けられた。

『（前文省略）あの折にはいろいろお世話になりました。先日規子の写真を片付けていて、先生のところでいろいろな話をしたことを思い出しました。自分でもよく覚えていませんが、なんだか憑き物が落ちたような気持ちがしたことだけを覚えております。主人ともどもお世話になったお礼にも伺えず、このような書状で失礼とは思いましたが、規子がこの度結婚いたしましたので、お礼をこめてご報告申し上げます。（後略）』

6 私的考察

さて、ここまでは具体的な臨床実践の経緯と共に、ナラティヴ・セラピーとナラティヴ・アプローチの重要性を述べたつもりである。ナラティヴ・アプローチを実践するに当たって、いろいろなことに行き当たったので、触れておきたい。これは、臨床実践に対するモノローグであるが、読者とのダイアローグに転換できればと思う部分をいくつか記させていただく。

(1) 「語り」は作られるのか、作るのか

「ナラティヴ」というキーワードを用いた実践研究は、本書の他の部分でどのように定義され、取り上げられているかは不明であるが、論者にとって「ナラティヴ」は、クライエントや家族が援助的な環境で期待しているものを提供できる「治療的かかわりを行うための達人が使用したガイドラインの一部」であるように思える。コラボレイティヴ・アプローチなどの方法論では、「……についてはどうなの」、「……についてどう思ったの」、「……についてはどうなっていたの」のような形式の質問が多様に見られる。無知の姿勢（Not-knowing）(1)という臨床姿勢のためかもしれないが、クライエントの中にある体験をことばとして織りなし「語り」とするためには、アンパック・スーツケース・ランゲージ（unpack suitcase language）(2)を考慮し、治療者が繊細な配慮をすべきだと考

える。

また、そのためには、治療者が公開性と対等性を維持することが不可欠であろう。専門家が専門家としてクライエントの前に登場するのではなく、目撃者の立場（outsider-witness）[3]として自らを位置づけるための努力を怠ってはならないと考える。治療者が専門家として「本質」を知り得ており、来談者が「本質」から外れているため、行動修正・認識改善を余儀なくされているのだという構造で治療が行われる。これはできる限り避けなければならない。それは、これまでの専門性が社会的権力を付帯させているという事実があり、治療者という立場の存在が最も自らの社会的な権力に鈍感だからである。

(2) 臨床行為の同一性と多様性

医学は絶対的なまで人の同一性を基本としているが、その前提となっているものは人の「器質的同一性」という限定的なものである。一方、精神医学を含めた治療や援助にかかわる対人援助職の基本となる考え方は、人の多様性を重視するという傾向が強い。この人に対する考え方の違いを充分に理解しておかなければ、人に対する援助を位置づけられない。

ナラティヴ・アプローチの特徴は、このいずれか一方だけの視点を維持する必要がないことを、改めて教えてくれたことである。臨床行為は、ダイアローグである。一方、疾患や不安などの不適切な感情は、人の心の中で起こっているためにモノローグとして理解されるが、実質的には個人内で交わされるダイアローグである。これらはすべて「語り」として独立した別の次元のことであり、その中に「新しいこと、古いこと、前提となること、紡ぎ出されるもの」などが多様に存在している。そして、それらに対して、クライエントという「人」に対する同一性と多様性のいずれもを同時に持ち込めるのであれば、後は専門家としての使う側が使い分け切れるかが重要となる。

(3) 初学者にとってのナラティヴ

ナラティヴ・セラピーに対して「クライエントの語りを聞きさえすればいいんだ」というとんでもない誤解や、安易な憧れのような初学者が増えていることは、ある面で「怖い」と考える。ナラティヴ・アプローチは、対等性を重視しながらも、臨床である限り責任性を放棄してよいというものではない。臨床的責任を放棄することのいい訳として「ナラティヴ・セラピーを実践したのだから」という理由が示されたとすれば、不適切極まりない行為である。

また、非指示的なアプローチでも、ナラティヴ・アプローチに近い対応がみられるため、混同が見られる。ナラティヴ・アプローチにおけるクライエントの「語り」は、強要されたり、自らの決まったドミナント・ストーリー（dominant story）を語れるようにすることではない。必要なことは、オルタナティヴ・ストーリーが紡ぎ出されるように治療的に応対することが前提のアプローチであって、勝手に「語り」が生まれたり、「語り」が生まれるのを待つことではないことを肝に銘じるべきである。

敢えて多くの初学者にナラティヴ・アプローチが共通して提供できるものがあるとすれば、すべての方法論に共通のエクスピアリアンス・ニア（experience-near）(4)という姿勢そのものである。それは、誰にとっても臨床的に、または研究者としても不可欠な姿勢であり、要素である。そして、臨床実践であれば、熟練した治療者でさえ有効な指標がこのエクスピアリアンス・ニアというキーワードであると考える。

(4) ナラティヴ・セラピーとナラティヴ・アプローチ

最後に、筆者の臨床実践の中では、現在の段階で「ナラティヴ・セラピーとナラティヴ・アプローチは全く異なるもの」という結論がある。それは、家族療法の発展として登場したナラティヴ・セラピーは、あくまでも一定の姿勢とともに、セラピーである限り、治療プロセスにおける留意点が示されているからである。したがって、ナラティヴ・セラピーは家族療法における自らの姿勢を正すための一時的な展開であると考える。一方、ナラティヴ・アプローチはより自由度の高さとともに、「語り」を用いた人間科学的な実践的活動であるべきで、そこには一定の定式化されたものがあってはならない。特に筆者のような臨床実践に身を置く立場であれば、その対象が「人」である限り、一定の技術を行使したサービスを提供する場と、研究として「人」の語りを取り扱うこととは、全く異なる前提があると考える。面前の「人」と対応し、その援助のための「語り」を紡ぎ出すことは、ナラティヴ・セラピーとしての姿勢だけではなく、ナラティヴ・アプローチの多様性がより有益なサービスを提供できると考える。

また、臨床に関してナラティヴ・アプローチに対する批判的な面を含む期待を明確にしておきたい。サービスには必ずそれに応じた結果が求められる。この当たり前のことが現在でも心理療法・精神療法の世界では、議論が不十分である。逸脱行為を繰り返す人を「精神的な障がいのある存在」としてカテゴライズした歴史的経緯そのものは、まだまだ十分に社会構成主義の立場で批判的な議論がされていない。ならば、ナラティヴ・アプローチがその切り口となる可能性は大いにある。「ホンの小さな困りごと」を相談すること、それが臨床サービスの基本ではなかっただろうか。臨床的専門家はコミュニケーションの専門家であるが、逸脱を障害とするための専門家ではない。これを示すため、ナラティヴ・アプローチによる研究がより発展的に行われるべきである。そして、ナラティヴがより大きな意味での「人間科学」を新たな科学として位置づけられるための可能性に期待する。

注

(1) 「無知の姿勢 (Anderson et al., 1992)」と訳されている。治療者がクライエントに対して臨床的な知識を持って対応するのではなく、クライエントのことに対して「無知」であることを前提として質問を投げかける姿勢を示している。

(2) 未だ語られていない出来事は、日常の体験が整理されないまま断片として記憶されており、その集まりを「整理されていないスーツケースのようなもの」として比喩的に示した用語。言語化するなどがなされていない記憶の断片で、まだストーリーとして組み込まれていないが、つなぎ合わせることによって新たなストーリーを作り出せる可能性を持つもの。

（3）クライエントが体験してきたことをたまたま目撃した者としての関係を示す。専門的な立場からの観察、指示、操作ではなく、目撃者という立場で関わることを示す用語。

（4）どのような臨床家であろうとも、クライエントの経験をそのまま理解することはできない。しかし、「体験に限りなく近づく」ために、人を理解できたと思い込むのではなく、できる限りその体験に近づこうとし続ける姿勢を保ち続けることを示している。

参考文献

Anderson H., Goolishian H. Windermand L.（1986）Problem determined system, -Towards transformation in family therapy. *Journal of Strategic & Systemic Therapy.* Vol5-4. pp. 1-13.

Anderson H., Goolishian H.（1988）Human systems as linguistic systems: Preliminary and evolving ideas about the implications for clinical theory. *Family Process.* Vol27-3. pp. 371-393.

Anderson H., Goolishian H.（1992）The Client is the expert: a Not-knowing Approach to Therapy. in "*Therapy as Social construction.*" Sage Publications.=（1997）野口裕二・野村直樹訳『ナラティヴ・セラピー――社会構成主義の実践』金剛出版

Ashby W. R.（1952）*Design for a brain.* Wiley.=（1967）山田坂仁・山岸辰蔵訳『脳への設計―知性と生命の起源』宇野書店

Green T., Hurwitz B.（1998）*Narrative based medicine: dialogue and discourse in clinical practice.* BMJ Books.=（2001）斉藤清二・山本和利・岸本寛史訳『ナラティヴ・ベイスト・メディスン』金剛出版

高橋規子・吉川悟（2001）『ナラティヴ・セラピー入門』金剛出版
吉川悟（1993）『家族療法―システムズアプローチの「ものの見方」』ミネルヴァ書房
吉川悟・湯沢茂子・山本真司（1993）『治療終結段階の患者・家族の「物語作成」』第一〇回日本家族心理学会一般演題
吉川悟（1997）『役割という名の隠れた顔、少年育成［特集仮面家族］』社団法人大阪少年補導協会、pp. 24-29
吉川悟（1999）『ナラティヴ・セラピーはどう記述できるのか―はたして本当にそこに戦略性はないと言い切れるのか』家族療法研究16-1：pp. 26-27
Wiener N. (1961) *Cybernetics, 2nd edition*. M. I.T. press. Cambridge.＝（1962）池原・室賀・彌永・戸田訳『サイバネティックス』岩波書店

第六章　社会福祉領域におけるナラティヴ論

木原活信

1　はじめに

一五年ほど前から社会福祉学の領域でナラティヴの意義に関して着目し、ソーシャルワークにおけるナラティヴ・モデルの可能性を欧米の文献をベースに紹介してきた。そこで指摘した点の一つは、八〇年代から九〇年代にかけての欧米におけるソーシャルワーク理論の潮流の変化、そして日本のソーシャルワークにおいても、論理科学的なモードからナラティヴなモードへと転換が図られていくであろうと予測した点であった（木原, 1996, 2000）。当時「科学化」に必死になっていた福祉界では奇異な眼差しで迎えられたが、今、ナラティヴ論がその内容が何であれ日本にも「上陸した」というのが印象である。このモデルの有用性や可能性について繰り返し論及して（木原, 2002, 2003, 2005a, 2005b, 2007）、一定の理解を得られたと感じるが、社会福祉領域におけるナラティヴ論にはなお幾つかの疑問がある。

一つは、ナラティヴ論が心理的セラピーとして一人歩きし、そのきらびやかな言葉、テクニカル・タームだけが踊り始めた感が否めないが、これは、社会福祉におけるナラティヴ論の本流であるのか、という疑問である。また、ナラティヴ論は抽象的で、実践的ではないといわれるが果たしてそうであろうか。そして、わざわざナラティヴや物語、語りなどといわなくても「語り」ということは福祉のなかではずっと重要視されてきたのでは、という批判がある。つまり伝統的な社会福祉援助の語りとそれはどこが違うのか、という疑問である。本章では、これらの疑問に応えていくということになる。結論を先取りするなら、社会福祉領域のナラティヴ論は、セラピーに特化されるものでなく、ミクロからマクロまで幅広く応用可能であるということ。そしてむしろ専門家ベースの援助技法というより、当事者運動と連動する可能性があるということ。また理論的には確かに一部哲学的、抽象的な理解が必要だが、その実践主体を当事者の知と捉えるなら、実は、極めて具体的であり、日常的であるということ。三好春樹（2008）が伝統的な専門的実践を批判して自らの実践を擬えた用語を借りれば、未開人のブリコラージュ（手づくり作業）にみられる「具体性の伴った抽象性」という表現（レヴィ・ストロース（Claude Levi-Strauss）が『野生の思考』のなかで提起した用語）にあたるのかもしれない。そして特にナラティヴという用語に固執しているわけではなく、語り、物語、社会構成主義、ポストモダンと何であれよいが、強調点は、従来の援助方法では無視されてきた当事者の声と現実が本当に語られてきたのか、ということが問われなければならないという点である。

2　社会福祉領域におけるナラティヴ関連文献のレビュー

まず、社会福祉学領域（ソーシャルワーク）におけるナラティヴ論が何かという議論に入る前に、ナラティヴ論がどのように語られてきたのか、特に日本の社会福祉領域（含む精神保健福祉領域）における関連文献について若干の整理をしておきたい。

そもそもこの領域のオリジナルが何かを探ることは、その定義が画一していないゆえに至難のわざであるが、福祉領域では欧米（厳密にはこの議論の中心である豪州を忘れることはできないので欧米豪）の文献をもとに、二〇年ほど前に加茂陽が社会構成主義をいち早く紹介して、ポストモダン・ソーシャルワークの先鞭をつけたのが、おそらく日本における福祉領域でのナラティヴ論の端緒といえる。その意味で加茂（1995ab）の思想および臨床への展開は、先駆的な研究であったといえる。

しかしながら加茂独特の難解な表現のためか、それが現場のソーシャルワーカーたちや研究者たちに必ずしも十分に理解され、浸透するにはいたらなかった。その後、一九九五年に野口裕二が『ソーシャルワーク研究』（二一巻三号）に掲載した論文「構成主義アプローチ―ポストモダン・ソーシャルワークの可能性」は、特にホワイト（White）、エプストン（Epston）の議論を紹介したが、その理論構成とその斬新さは、日本のソーシャルワーカーや関係者に歓迎され、一つの新しいモデルとして紹介されていった。それまでは、システム論や生態学モデルが主要なモデルとして位置づけられており、それらに疑問をもっていた実践家や理論家に新しい風として共感をもって迎えられた。時同じくして、加茂や当時広島女子大学（現在の県立広島大学）で同僚であった筆者らが、世界思想社から共著で一連の著作を発表し、少なからず識者に議論されることとなった。そして九〇年代後半には社会福祉関連の学会、研修会等シンポジウムにおいても、活発な議論が展開されるようになった。こうして二〇〇〇年前後には、福祉界にナラティヴ論が次第に浸透してきた。

しかし、一方で、社会福祉界では、ナラティヴという言葉を使えば、その中身の検討をすることもなく、何でもナラティヴ論であるという風潮もあり（実は、ナラティヴ論というもののなかにそのような多義性を含んでいたのであろうが）、そのモデルがある程度浸透したようで、実は当初から議論そのものは拡散化し、焦点化していなかったともいえる。ポストモダンの多様性にしたがい、実は「正統派」ナラティヴ・モデルというのが存在しないとするならば、ナラティヴのその後の方向性は幅があっても当然であるという主張もよしとすべきなのであろうが。そのようななか、むしろ、ナラティヴというタームを限定的に使用しないまでも、その発想法が当初議論していたナラティヴ論の思想と共通している研究成果が近年相次いでいる。これは欧米豪もほぼ同様である。それらは、これまでの実証性や科学性を強調した伝統的な理論とは異なる多様な革新的な理論研究である。その例として、狭間香代子（2001）がこれまでの伝統的援助観と一線を画す革新的な援助観を提示したが、それはナラティヴ論の主張と共通する。また、障害者の語りを独自の分析方法で展開した田垣正普（2007）の障害受容に関する一連の研究は、障害者の生きるストーリーをそのまま描きだすことに成功し、また社会福祉における質的な研究方法においても重要な問題提起をした（田垣，2008）。またナラティヴと密接な関連をもつクリティカル・ソーシャルワークについても斬新な研究成果があらわれた。カナダの高齢者等の実情を新しい角度で紹介した松岡敦子の一連の研究（松岡，1996，2001，2004，2006）、オーストラリアのソーシャルワークを紹介するなかで、伝統的なソーシャルワークを批判して新しい援助の知のありかたの展開を試みる舟木紳介の研究（舟木，2007）も注目される。また私自身もその一端を担うことになったが、オーストラリアのクリティカル・ソーシャルワークを軸にした横田恵子（2007）らの解放のソーシャルワーク研究などがある。また加茂も大下由美らとともに、ホワイト的な「物語モデル」の論理構造の矛盾と限界を批判し、独自の手法で臨床的展開の斬新な研究を展開している（加茂・大下，2001）。その他、稲沢公一の援助関係のパワー構造に着目したナラティヴに関する議論（稲沢，2002；稲沢他，2008）、フーコー的ポストモダンの視点を濃厚にして「ソーシャルワークの科学性」そのものに懐疑する三島亜紀子（2001，2007）の研究、なども伝統的まなざしへの懐疑を通して新しい発想を導きだそうとしている点が注目される。また近代のまなざし、特にその他者性を問題にした松倉真理子（2000，2001）の研究、金子絵里乃（2004，2007）の臨床死生分野とソーシャルワークに関するライフヒストリー的アプローチ、精神保健領域においてソーシャルワーカーの新しい知のあり方を探究した横山登志子（2008）など、続々と斬新な知が登場した。また近年、木原（2006）らを中心にスピリチュアリティとの関連でソーシャルワークを捉えようとする試みがあるが、それらも、ナラティヴ的見解と同根である。

それらは、先述したようにかなり幅があり、ひとくくりにナラティヴ・モデルとして定義できるものではないが、そこに共通に見られるのは、既存の伝統的なソーシャルワークの科学性、実証性、普遍性などへの懐疑、そしてそれに替わるオールタナティヴな探究という視点である。つまり、本章で問題にしたいのは、用語としてのナラティヴの定着というよりは、その視点・着想である。

3 ナラティヴ論とその系譜

ナラティヴ論の特徴について、ここでは社会福祉との関連を中心に、その系譜と特徴について概観しておきたい。他稿でも繰り返し論じてきたので、その詳細はそれらを参照されたいが、社会福祉のナラティヴ論の主要な主張を繰り返すと、（1）客観性への懐疑（科学の絶対的支配に対する疑義、科学も一つのストーリーである。ただし、反理性、反科学ということではない）。（2）現実は多義的であり、それは構成されるという点。（3）多様な価値観を尊重し限りなく差異へこだわるという点。（4）「物語としての自己」を起点に自己をとらえる点。（5）出来事は物語を通して意味を構成するという点、である。その具体的な援助介入技法としては、問題の外在化、ストーリーだて

①	②	③	④
ポストモダニズム ↓ 社会構成主義 ↓ ナラティヴ	論理科学モード VS ナラティヴ・モード	理性と啓示 をめぐる神学論争 「物語の神学」	EBP VS NBP

図６－１　ナラティヴ論の思想的系譜図

る援助、無知の姿勢（not knowing）、リフレクティングなどがある。

周知の通り、ナラティヴ論は多方面な広がりをもち、その系譜を捉えるのが難しく、そもそも一つの系譜に集約できるのかという議論もあるが、ナラティヴ論の主要概念の系譜図はおおよそ、三つないし四つの系譜に分けられる。①は社会学的説明、②は心理発達教育などの発達理論による説明、③はキリスト教におけるシュライエルマッハー（F.D.E. Schleiermacher）とバルト（Karl Barth）の論争をベースにした神学的説明である。④は、近年の医学をはじめとする臨床科学の論争である。最近、様々な領域でナラティヴが問われているが、おそらく論者のそれぞれの理解や表現形式は異なるが、大枠でいうと、これらに分類されるであろう。通常は、①、②の説明で充分であるが、思想史的に本格的に吟味するのなら、もっと根深く、③の神学論争に行きつく議論である。この観点は改めて別に議論を展開することとする。

本章では、社会学や社会福祉学で通常理解されている表現形式で、説明すると、社会構成主義理論（Social Constructionism）をベースに、臨床・実践に応用したものがナラティヴ・モデルということになる。このあたりは野口の諸論文（野口, 1995, 1999, 2002, 2005）を参照されたい。欧米ソーシャルワーク界では一九八〇年代に中心的な理論として一定の座を占めてきたシステム思考（システム論、ライフモデル、エコ・システム論）に替る可能性を秘めた新しいモデルの一つとして位置づけられようとしている。特に、ユーロ圏やアメリカよりも、ポストモダン的色彩が社会のなかで現実化しているオーストラリアやカナダでは、伝統的なソーシャルワークへの批判が根強く、松岡（1996, 2004, 2006）が指摘するようにクリティカル・ソーシャルワークということも盛んに議論されるようになったが、これはまさに上記の伝統的なソーシャルワークへの批判であり、その意味でいえば、ナラティヴも広義においてクリティカル・ソーシャルワークの一つの表現形式と位置づけることも可能である。

ただし、それと同時並行的に、あるいはポストモダンの反動として、日本も含めて欧米では、目下、根拠あるいは証拠に基づく実践（エビデンス・ベイスト・プラクティス Evidence Based Practice 以下ＥＢＰ）という医学の考え方が社会福祉にも適用されている。医学においては、これとナラティヴ・ベイスト・プラクティス（以下ＮＢＰ）とを対照化させ、二つを対極として理解する傾向もある（④参照）。ＥＢＰは、徹底的な実証主義を旨として、援助の効果を立証するように努め、その根拠が立証されたことを前提に議論が展開される（秋山, 2004・芝野, 2004）。その意味では、確かにＮＢＰとは対極であるが、一方で、物事が証拠に基づくということは当然であり、またナラティヴ論が反科学ではなく、科学も一つの物語という意味では、必ずしも対立図式にはないともいえる。

4　伝統的ソーシャルワークとの差異

ところで、先述したように、語りを大切にしようというのは、従来の伝統的なソーシャルワークでも再三強調していたことであり、改めてわざわざナラティヴという新しい概念を持ち出す必要はないのではないか、という疑問が当初からあった。しかしながら、そもそも、「語り」の申し立ては、誰の申し立てであったのかという点が重要である。確かに従来のソーシャルワークにおいても、語りは主張されていたが、ここで強調すべきは、本当に当事者は自らを語る（表現する）ことができたのであろうか、というのがそもそもの議論の出発点である。

少し観点は変わるが、自己決定原則を標榜するソーシャルワーカーと、障害者のＩＬ運動（自立運動）などで当事者が要求する自己決定では、同じ自己決定であっても根本的に差異があるとされるが、このことと共通する議論である。同じ自己決定という言葉でも、バイスティック流の自己決定はあくまで援助者側の援助方法としてのロジックであり、自立運動を展開する当事者たちのいう自己決定とは異なっている（児玉，2002）。当事者が求める自己決定とは、援助原則やその効用としての自己決定ではなく、自らの生きる実存をかけた主体的な自己決定である。当然、そこにはリスクを負う自由および権利にもつながる。例えば、在宅暮らしや居住をめぐる高齢者の自己決定は強調されても、それは高齢者個人の自己決定ではなく、家族自身の自己決定であったり、仮に高齢者の自己決定といえども、家族へ配慮した集合的決定であるといっても過言ではない。その意味で、パールマンが指摘したように「自己決定は、十中八九は幻想である」(Perlman, 1965) というとおりである。同様に、語りや物語という文脈においても、援助する側の主張ではなく、当事者運動や当事者からの語りという視点が必要なのである。福祉領域のナラティヴ・モデルが強調する語りは、その意味で援助者側のロジックでなく、当事者自身からの語りの申し立て、を前提にしている。

上野千鶴子と中西正司 (2003) が「当事者主権」を主張した時、社会福祉関係者、特に当事者たちが、この主張を歓迎した。なぜ、社会福祉界で敢えて「当事者主権」をいわなければならなかったのだろうか。それは、社会福祉も含めて専門職がもっていた特権を打破する、あるいは、その権力構造の解体を志向することを意味した。その意味で、当事者主権が今、歓迎される背景には、伝統的な社会福祉の理論やソーシャルワークが、真摯にクライエントの語る現実世界を聴いてこなかったことを暗示している。仮に受容や傾聴のスキルによって対応したとしても、実際は、ソーシャルワーカー自身が予めゴールや方向性、答えをもっていたのではないのか。特に現在の介護保険下では、そのような現状が見え隠れする。「クライエント中心主義」というが、それは「お客様は神様」といういわば日本企業のリップサービス的発想ではなかったのかについて、吟味する時がきている。

伝統的ソーシャルワークの理論的支柱の一人であり、エコ・システム論の提唱者であったハートマンは、一九九一年にソーシャルワークにおけるポストモダンの攻防に対して自らのこれまでの理論と実践を反省して以下のように述べた。

「知と権力とは再帰的な関係であり、権力を有する側の言説や声が結果的に支配的となり、真実とみなされるのに対して、権力を有さないものの言説は周辺に追いやられ、征服され、そして彼らの物語は語られないまま終わってしまう。」(Hartman, 1991)

この言葉は、伝統的ソーシャルワークの代表格であるハートマンの言葉であることを考えると、実に重たい反省的言葉である。つまり、システム思考を含め、伝統的なモデルがはたして当事者の声に耳を傾けてきたのか、という反省である。そして伝統的ソーシャルワークの枠内で、見過ごしがちな権力という問題、そしてフーコーが指摘するように言葉に潜む魔力、あるいはパターナリズムの問題などを内包しているが、結果的に、従来のソーシャルワーク、とりわけシステム思考における枠組みでは、「語られないまま終わってしまう」物語が存在するということを認めたものである。

5　浦河べてるの家の「幻聴」から「幻聴さん」の実践

社会福祉界や精神保健福祉の領域では今やすっかり馴染みとなった精神障害者の共同体である北海道の浦河べてるの家（以下、べてる）の実践を例にしながら、ナラティヴについて具体的な実践のなかで検討しておきたい。ただし、べてるの実践は、ナラティヴ論そのものを理論の支柱としたり、それを標榜して実践をしているわけではない。理論的にはＳＳＴ含め、認知行動療法的手法を取り入れているという見方もできるし、その方向での検証も可能であろう。しかしながら、むしろ、べてるの当事者たちは、そのような何々モデルや理論の応用という実践をしているのでなく、当事者たちが生き抜くための当事者による実践そのものであるということができる。このようななかで生み出された、「三度の飯よりミーティング」を標榜する当事者たちの実践の知恵は、かつて野口（2002, 2005）がその実践をナラティヴ的に解釈したこともあるように、その実践はそのままナラティヴ論の実践そのものであるといってもいいほど、典型的な事例として捉えることができる。ナラティヴの発想法が、当事者性ということを原点にしていることからもこのことは伺える。

べてるの実践は、様々な特徴があるが、そのユニークな試みの一つで、ナラティヴ的な実践ともいえるものの一つに、精神障害者の「幻聴」を自ら敢えて「幻聴さん」と呼んで、自らの幻聴体験を当事者間で語り合い、そしてその中身を当事者研究というセルフヘルプ・グループにおいて吟味しあっている点である（これらはべてるが提供するビデオにも公開しているので、詳細の事例、あるいはその方法などはそれらを参照されたい。特にビデオ第三巻に詳しい）。「幻聴」と「幻聴さん」というコトバは、わずかな違いであり、大差はないように思えるが、これは臨床上において極めて重要な意味をもつ。精神保健関係においては、画期的な先駆的な「発見」であって、精神科医を含めて関係者の間で話題となったが、これはまさにナラティヴ論的発想である。年に一度開催されるべてる祭りにおいて、幻覚妄想大賞をグランプリとして表彰するという、恐らく精神医学、精神障害者福祉史上においても類例のなかったユニークな実践である。日赤の精神科医川村敏明氏とソーシャルワーカーの向谷地生良氏という「カリスマ的」存在とその献身的な側面的支援があっての成功事例ともいえるが、この当事者研究の方法は全国的に広がる可能性がある。そのユニークな実践は年々検証を重ね、常識を疑うような発想法は、当事者のみならず専門家の間で、反響を呼んでいる。私自身もその会合の一部に参加したことがあるが、実にナラティヴ論からだけでなく、その実践全体が新鮮で興味深いものであり、まさに従来の精神保健福祉の発想に囚われている立場からは目から鱗のような感覚を味わった。

確かに、これまで治療の対象として捉えられ医学における客観的診断の用語であった幻聴、妄想、幻覚は、当事者のみならず、周囲にも恐れられて、関係者を悩ます「やっかいもの」であった。したがって、慢性化した症状の場合、当事者は、自らの幻聴、幻覚、妄想などを日常的に語ることを避け、興奮状態でなかば理性的判断を失ったような状況のなかでしか吐露されないいわば「秘め事」であった。べてるの当事者の多くも「本当の苦しみや幻聴は医者にはいわない。話せば薬の量が増えるだけ」と告白している通りである（二〇〇七年三月におけるインタヴューより）。確かに精神医学では、幻聴の症状は薬物によってコントロールするというのが一般的である。専門家以外の家族や知人に話しても、「そんなことは間違いだ」とか「それは幻聴という病気だから本当のことではない。それにとらわれないように」といわれて、彼らの幻聴が本当の世界ではなく、当事者がいだく虚構の世界であると否定されて済まされてしまう。しかし、べてるの場合、幻聴は、「幻聴さん」として、当事者にとって「貴重な」「本当の」体験そのものであり、それどころか、幻聴を「医学用語ではなく、それを幻聴さんという人格として位置づける」という画期的な判断をする（幻聴さんだけでなく、「〇〇の幻聴さん」など直接名前で呼ぶこともある）。これを説明する精神科医の川村医師は、「幻聴さんと呼びそれを当事者が体験する本当の世界としてつきあうことで、幻聴は必ずしも抹消すべき否定的なものではなく、それと正面からつきあっていくものとして理解すると、むしろこれまで見えなかったその人の苦しみと人間関係そのものが見えてくる」という。そして今まで精神医療の世界で失われていた感覚である「彼らの言葉で語ってもらう」ことがそれによって蘇ってきたという。この感覚を取り戻すことこそが治療の上でも重要であると強調する。「幻聴というのを一つの人格という風に考えよう」とすることで、「いつも自分に悪口をいってくるような人とどういう付き合いができるか」という人間関係の現実的な訓練にさえなることがわかった。これは、科学的に編み出された方法ではなく、もともと当事者の声をそのまま聞いていこうとする実践のなかから生まれた知恵であったという。

ところが、医学的（DSM-Ⅳ）にはそれが「幻聴」という症状として診断され、それが客観的現実となっていく。やがて幻聴をもつ病として客観的な記述（カルテ）され、それは専門家のなかで統合失調症等の精神障害の典型的な症状として共有された「知」となっていく。いわば精神障害の「証拠」として、幻聴は専門家によって定義され、診断されていくのである。そこでは、当然ながら幻聴の中身、つまりそのストーリーなどにふみこんでその語りを問うなどということはない。本人によって深刻な病理の症状として語られた幻聴は、あくまで本人の病状の一部であり、その語りの中身など検討の余地はなく、大切なのは理性からの逸脱の証拠としての幻聴となる。ここでは、幻聴はあくまで治療の対象であるが、それについて定義するのは専門家である。したがって、その幻聴の内容など誰も関心を払わない。

ここでべてるの当事者研究で公開された一つの事例を紹介してみたい。べてるのメンバーのある人の「幻聴さん」によると、借金のとりたてを複数の怖い人間から脅迫されて苦しんでいた。夜な夜なその「幻聴さん」に怯えているという。それで彼女の希望で当事者研究に報告してみなで「研究」してもらった。当事者研究で、向谷地らとともにこの「幻聴さん」についてメンバー相互に「研究」した結果、彼女を守ってくれる別の「強い警察の幻聴さん」に来てもらってはどうか、とあるメンバーの提案を受け、それを試してみることになった。そしてその通り実践してみると、それが見事に「解消」に向かったという（当然ながら決して医学的に「解決」したわけではないが）。

むろん、このようにすべてうまくいくケースばかりではなかろうが、大切なことは、当事者の主観的意味世界を、あえて当事者の自己定義である「幻聴さん」という「本当の」現実世界という前提にたっている点であろう。ただし、べてるの場合、医療機関ではなく、急性期の精神疾患の場合の興奮状態などの状況での対処ではなく、あくまで回復期にあり慢性的な状況で「症状」を呈する地域生活を営むことのできる利用者を念頭に置いているのであろうことはいうまでもない。急性期の対応は、当然ながら病院とのかかわりのなかで進めている。その上で、地域生活を営む当事者が慢性症状である「幻聴さん」とどうつきあっていくかという「本当に」焦点があたっているといえる。その結果、これまで隠し事であった幻聴を当事者が「幻聴さん」として自由に語り合い、そしてそれが物語を紡ぎだし意味と文化を形成している。記号化された幻聴が、一貫したストーリーをもちはじめ、その恐怖体験が仲間のなかで語られる時に、ユーモラスにすらなってしまうことがしばしばあるのである。精神疾患として隠ぺいされてきた物語が、聞き手の出現によって眠りから覚めて積極的に語られてきたのである。他人の幻聴を聞かせてもらって、参与観察しているはずの筆者自身が笑いだしてしまうほどであった。

先に引用したハートマンの言葉を想起されたい。権力を有する側の言説や声が結果的に支配的となり、そして権力を有さないものの言説は追いやられ、「彼らの物語は語られないまま終わってしまう」（Hartman, 1991）というのであるが、べてるでは、「幻聴さん」という発想の転換によって、語られないで終わっていた物語が自然に語りだされてきたのである。これは明らかに伝統的ソーシャルワークの手法とは異なるナラティヴ的世界であろう。

6　むすびにかえて――ナラティヴ運動の時

閉塞感のあるとされる日本の社会福祉実践（含む精神保健福祉）において、べてるの社会福祉実践が、近年、ベスト・プラクティス賞を受賞したが、これは、その実践がいかに斬新であるかを示している。むろん、べてるがナラティヴ・モデルそのものに特化した実践ではないが、そこにあるのはこれまで論じてきたように、専門家主導の援助観への挑戦であり、特に前節で明示した通りその実践の強調点は、ナラティヴ論の論点と一致している。べてるの実践、とりわけ幻聴を「幻聴さん」として自己定義する方法は、ナラティヴ論の主要な論点そのものであり、それを集約すると、以下の五点であろう。（1）現実を相対化する、（2）問題を外在化する、（3）物語としての自己（自己定義）、（4）トポスとしてのコミュニティの重要性の強調、（5）当事者による専門職への批判、である。

つまり、幻聴という症状であっても、医学的現実や専門家の見立てを絶対視することなく、当事者自身の自己語りによる自己定義による「幻聴さん」を主軸に現実を再構成させたのである。レインは「自分のアイデンティティとは、自分が何者であるかを自己に語って聞かせる説話（ストーリー）である」（Laing, 1961=1975）と大胆に論じたが、精神障害者が専門家である他者が名づけた客体的生を生きるのではなく、自らの言葉によって自己定義をなし、それによって自己のアイデンティティを回復しているのである。そしてそれは、従来のような専門家による一対一のカウンセリング方式ではなく、同じ苦しみを共有する仲間同士の語りの場（レインの用語では、意味空間としての場所）としてのコミュニティのなかで生成させているのである。そして、それらは、専門職集団に対して、厳しいまなざしをむける当事者運動としての性格を帯びているのである。

社会福祉におけるナラティヴ論は、なお、多くの課題が山積している。従来から指摘されてきた、複数の語りの諸相の織りなす相対主義問題によってアナーキズムを発生させてしまうのではないかという問題、ナラティヴ論の援助による効果の実証性の検証の不在という問題、語ることができるかどうかという当事者自身の言語能力の問題という課題などであるが、これらに加えて、近年では感情労働の問題として社会福祉領域の従事者の重労働問題が問題化している。つまり語れないのはクライエントだけでなく、援助者自身も、優しさと思いやりのもとに、感情労働を強いられ、燃え尽きているのである。

これらの諸課題は、なお、探究していかねばなるまいが、社会福祉領域において、これまで論じてきたことから、ナラティヴ論がセラピーに矮小化したミクロベースの実践に特化されるものではないこと、またナラティヴの福祉実践は抽象的でわかりにくいものではなく、それは極めて日常のコミュニケーションに根差しており、べてるの実践にあるように抽象的どころか、具体的かつ日常的である。敢えていうなら実践は具体的であるが、説明が抽象的なのであろう。これらのことからなにゆえに敢えてナラティヴを問わなければならないのか、その意義や成果について異論はあろうが一つの説明にもなったと思える。用語としてナラティヴがふさわしいかどうかは別として、ナラティヴ論がもつ専門家や科学の知に対する懐疑という視点、当事者自らの「語り」を基軸にした実践が今、福祉界に求められていることは確かであろう。それはまた当事者運動の産物としての「語り」運動（narrative movement）であるともいえるが、べてるの実践は、そのものの例示であるともいえる。そして同時に、日常に潜む社会福祉の様々な実践には同様の物語が見出される。社会福祉領域の客観的な「対象」としてこれまで自明のものと捉えられてきた「老い」「障害」「こども」「女性」などの言説にそのまま応用されうるのである。しかもそれは、一つのモデルの位置づけとしてだけでなく、近代の生み出したソーシャルワークや福祉実践を根本から問い直すラディカルな発想や解放の運動――ナラティヴ運動へとつながっていく可能性を帯びている。

参考文献

秋山薊二（2004）「Evidence-Based ソーシャルワークの理念と方法―証拠に基づくソーシャルワーク（EBS）によるパラダイム変換」31-2（122）

Andersen, T., (1991). *The Reflecting Team: Dialogues and Dialoges about the Dialoges*. New York: W. W.Norton &Company.

Anderson, H., & Goolishian, H. (1992). Client is the Expert. In McNamee, S., & Gergen K. J. (Eds.), *Therapy as Social Construction*. London: Sage Publication.

Hartman, A. (1991). Words Create Worlds. *Social Work*, vol. 36, No. 4., p. 275.
狭間香代子（2001）『社会福祉の援助観』筒井書房
舟木紳介（2007）「オーストラリアのソーシャルワーク教育―クリティカル・ソーシャルワーク理論の構築」横田恵子『解放のソーシャルワーク』世界思想社
稲沢公一（2002）「「援助者は「友人」たりうるのか―援助関係の非対称性」」古川孝順・稲沢公一・岩崎晋也・児玉亜紀子『援助するということ―社会福祉実践を支える価値規範を問う』有斐閣
稲沢公一・岩崎晋也（2008）『社会福祉をつかむ』有斐閣
Irving, A. (1994). From Image to Simulacra: The Modern/Postmodern Divide and Social Work. In Chambon, Adrienne, & Irving, Allan (Eds.), *Essays on Postmodernism and Social Work*, Toronto: Canadian Scholars' Press.
加茂陽（1995a）『ソーシャルワークの社会学』世界思想社
加茂陽（1995b）「ソーシャルワークにおけるポストモダニズムの潮流」『神奈川大学評論』22
加茂陽・大下由美（2001）「エンパワーメント論―ナラティブ・モデルの批判的吟味」『社会福祉学』42, 1
加茂陽・大下由美（2008）「エビデンス・ベースト・ソーシャルワークの特質(2)―ナラティヴ・アプローチとかかわらせて」『ソーシャルワーク研究』vol. 34. 1
金子絵里乃（2007）「小児がんで子どもを亡くした母親の悲嘆過程―『語り』からみるセルフヘルプ・グループ／サポート・グループへの参加の意味」『社会福祉学』
金子絵理乃（2004）「小児がんで子どもを亡くした母親の悲嘆のプロセスとその対応」『社会福祉学』44-3
木原活信（1996）「ソーシャルワークにおける「意味」の探究―ある難病患者の『語り』をめぐって」

『広島女子大学生活科学部紀要』第2号
木原活信（2000）「ナラティヴ・モデルとソーシャルワーク」加茂陽編『ソーシャルワーク理論を学ぶ人のために』世界思想社
木原活信（2002）「社会構成主義によるソーシャルワークの研究方法―ナラティヴ・モデルによるクライアントの現実の解釈」『ソーシャルワーク研究』27（4), pp. 28-34
木原活信（2003）「ソーシャルワーク実践への歴史研究の一視角―「自分のなかに歴史をよむ」ことと臨床的応用可能性をめぐって」『ソーシャルワーク研究』29（4), pp. 12-19
木原活信（2005a）「ナラティヴを巡る諸問題」『社会福祉実践理論研究』第14号
木原活信（2005b）「自分史と福祉実践―対抗文章としての記録（ナラティヴ・リコード）について」『ソーシャルワーク研究』Vol. 31 No. 3
木原活信（2006）「被虐待児童への真実告知をめぐるスピリチュアルケアとナラティヴ論―『子供である』ことと『子供になる』ことをめぐって」『先端社会研究』第4号
木原活信（2007）「解放のソーシャルワーク」横田恵子編『解放のソーシャルワーク』世界思想社
木原活信（2007）「社会福祉方法論の時期区分―ポストモダンの視点を加味した場合」日本社会事業史学会誌『社会事業史研究』第34号
児玉亜紀子（2002）「誰が「自己決定」するのか―援助者の責任と迷い」古川孝順・稲沢公一・岩崎晋也・児玉亜紀子『援助するということ―社会福祉実践を支える価値規範を問う』有斐閣
Laing, R. D. (1975) *Self and Others*.＝（1961）志貴春彦・笠原嘉訳『自己と他者』みすず書房
松倉真理子（2000）「ソーシャルワークにおける「ストーリー」の思考」『ソーシャルワーク研究』26（3)
松倉真理子（2001）「社会福祉実践における「他者」の問い―脱近代ソーシャルワーク議論の意味」

『社会福祉学』42（1）
松岡敦子（1996）「ポストモダニズムを視点としたエンパワーメント・アプローチ」松原一郎編『高齢者ケアの社会政策学』中央法規
松岡敦子（2001）「アセスメントにおける技法とツールの意味」『ソーシャルワーク研究』26（4）
松岡敦子（2004）「ソーシャルワーク実践とは何ですか」『ソーシャルワーク研究』vol. 30. 1
松岡敦子（2006）『ナラティヴ・アプローチと複雑な現実に対応するソーシャルワーカー』『ソーシャルワーク研究』vol. 32. 1
三島亜紀子（2001）「『ポストモダニズム』と相対化されたsocial work theory」『ソーシャルワーク研究』26（4）
三島亜紀子（2007）『社会福祉の科学性―ソーシャルワーカーは専門職か』勁草書房
三好春樹（2008）「ブリコラージュとしての介護」『ケアの思想』岩波書店
向谷地生良（2005）「当事者の力とインクルージョン」『ソーシャルワーク研究』vol. 30. 4
野口裕二（1995）「構成主義アプローチ　ポストモダン・ソーシャルワークの可能性」『ソーシャルワーク研究』21-3
野口裕二（1999）「社会構成主義という視点」小森康永・野口裕二・野村直樹［編著］『ナラティヴ・セラピーの世界』日本評論社
野口裕二（2002）『物語としてのケア―ナラティヴ・アプローチの世界へ』医学書院
野口裕二（2005）『ナラティヴの臨床社会学』勁草書房
Perlman, H. (1965) Self-determination: Reality or Illusion? *Social Service Review*, 39.
芝野松次郎（2004）「エビデンスに基づくソーシャルワークの実践的理論化―アカウンタブルな実践へのプラグマティック・アプローチ」31-1（121）

田垣正晋（2007）『中途肢体障害者における「障害の意味」の生涯発達的変化—脊髄損傷者が語るライフストーリーから』ナカニシヤ出版
田垣正晋（2008）『これからはじめる医療・福祉の質的研究入門』中央法規出版
上野千鶴子・中西正司（2003）『当事者主権』岩波書店
浦河べてるの家（2002）『べてるの家の非援助論』医学書院
White, M. & Epston, D. (1990) *Narrative Means to Therapeutic Ends*. New York, W. W. Norton.
＝（1992）小森康永訳『物語としての家族』金剛出版
横田恵子（2007）『解放のソーシャルワーク』世界思想社
横山登志子（2008）『ソーシャルワーク感覚』弘文堂

第七章　生命倫理とナラティヴ・アプローチ

宮坂道夫

1　英語圏でのナラティヴ・アプローチ

最近、日本の生命倫理学でも、ナラティヴ・アプローチは注目されつつあり、研究論文なども見られるようになってきた。ただし、その多くは、患者や医療従事者の「語り」を収集し、問題の実像を描こうとする記述的な方法が中心になっており、社会学や心理学の領域で、質的研究法と呼ばれるものに近い。確かに、当事者の「語り」を記述することで、様々な倫理的問題が実際にどんな様相を呈しているのか、当事者がそれをどのように経験しているのかを知ることは非常に重要である。しかし、倫理学の方法としては、それだけでは十分ではないはずだ。デイヴィッド・ヒューム以来つねに論じられてきたように、記述的方法――「である」についての探求――のほかに、規範的方法――「べき」についての探求――が、倫理学においては不可欠だからである。

生命倫理学のアカデミックな方法論は、米国を中心とした英語圏で系統だったものとして発達してきた。ナラティヴ・アプローチに関しても、膨大な研究が蓄積されている。しかも、記述的方法のみでなく、規範的方法が探求されている。したがって、ここではまず英語圏の文献をレビューすることから始めたい。

(1) 四つのナラティヴ・アプローチ

英語圏の生命倫理学の文献に「ナラティヴ」という概念がはっきりとあらわれたのは、一九九〇年前後のことと思われる。一九九〇年代の後半からは、このテーマで書籍が三点刊行されている。一九九七年のネルソン編『物語とその限界―生命倫理へのナラティヴ・アプローチ』(Nelson, 1997)、九九年のチェンバーズ編『生命倫理のフィクション―文学的テクストとしての事例』(Chambers, 1999)、二〇〇二年のカロンとモンテロ編『物語こそ重要だ―医学倫理におけるナラティヴの役割』(Charon & Montello, 2002) である。いずれも多数の著者の手になる論文集の体裁になっており、編集方針も異なっているが、英語圏の動向がよく反映されている。

最初に刊行されたネルソンの編書は、「患者の物語を語る」、「病いの語りを読む」、「臨床における文学批評」、「生起されるナラティヴ」という四部構成になっている。執筆陣に『傷ついた物語の語り手』(Frank, 1995＝2002)のフランクや、後述する『生命医学倫理』(Beauchamp & Childress, 1979＝1997)のチルドレスが含まれているように、当事者の「語り」を基盤とする記述的研究から、倫理原則を基盤にしたオーソドックスな規範的研究との対比まで、幅広い関心で論文が集められている。それによって、生命倫理学へのナラティヴ・アプローチについての俯瞰を得ようとしているように思える。冒頭の論文で、生命倫理学領域でのナラティヴ・アプローチが四種に分類されている(Murray, 1997)。それは、①道徳教育としてのナラティヴ、②道徳的な方法論としてのナラティヴ、③道徳的な討議の適切な形式としてのナラティヴ、④道徳的な正当化としてのナラティヴ、の四つである。参考になるので、概略を紹介する。

①「道徳教育としてのナラティヴ」の典型は、子ども時代に聞かされる寓話である。嘘をつき続けるとどうなるか、他人を犠牲にして自分の利益だけを追求するとどうなるか、子どもたちは物語を通して理解する。ヌスバウムがアリストテレスの道徳教育論に結びつけて論じた(Nussbaum, 1990)ように、人間が道徳を理解するためには、格言のような「抽象」よりも、物語という「具象」によって学ぶことが不可欠なのだ。具象的な経験によって、人間は道徳的感受性を獲得し、適切に判断する能力を身につける。

②「道徳的な方法論としてのナラティヴ」とは、生命倫理学に特有の方法論としての「事例研究」を指している。英語圏では、生命倫理の新しい問題が生じるたびに、つねに事例研究が行われてきた。それはある意味当然のことで、「尊厳死」問題における「カレン・クィンラン事例」や、

「障害児に対する親の治療拒否」問題における「ベビー・ドゥ事例」のように、生命倫理の問題の多くは、実際の事例としてあらわれてくるからだ。そうやって事例を用いることそのものが、ナラティヴ・アプローチの一形式だというわけである。これは本章のテーマにとっても重要な論点なので、あとで詳しく検討する。

③「道徳的な討議の適切な形式としてのナラティヴ」とは、討議のなかでナラティヴを戦略的に利用することを指している。例えば、トムソンによるバイオリニストの物語は、わが国でも比較的知られている例である。要約すると以下のようなものである。

朝、目を覚ますと、あなたは意識不明の男と背中どうしで繋げられてベッドの上にいる。その男は有名なバイオリニストで、重い腎臓病をわずらっている。あなただけが彼を救える血液型の持ち主であった。このため、あなたは誘拐され、手術によって彼と結びつけられたのだ。今や二人の血液は交流し、あなたの腎臓が、彼の血液から毒素を除去している。

病院の主治医は言う。

「この人の身体をあなたから離せば、彼を殺すことになるでしょう。すべての人は生存権を持っています。あなたが自分の身体についての決定権を持っていることを認めるとしても、この男性の生存権の方が重いはずです。ですから、彼をあなたの腎臓から切り離すことは絶対にできません。」(Thomson, 1971)

トムソンはこのような架空の物語を掲げて、人工妊娠中絶についての討議を展開しようとする。つまり、「バイオリニスト」が胎児で、「あなた」が母親だ、という議論である。そのような類比が適切かどうかはともかくとして、胎児と母親の権利がぶつかり合う構図をセンセーショナルな物語によって示し、討議を始めるのである。

④「道徳的な正当化としてのナラティヴ」は、自らの判断を確固としたものとするために、ナラティヴを利用することを指している。一般的な道徳理論についての普遍的な問いであっても、あるいは、いま目の前にある個別的な問いであっても、われわれは自分の判断が正しいのかどうかを物語によって試そうとする。このレビュー論文の著者であるマリーは、自著『子どもの価値』（Murray, 1996）において、子どもの道徳的な価値についての自説を確かなものとするために、ある隠喩を用いている。子どもは、それ自身が道徳的な価値を持っている。しかし、同時に、子どもの道徳的な価値は、親の生とのかかわりの中で形成される。親の生が子どもを規定する一方で、子どもによっても親の生が規定されるのではないか――。このような自説を試すために、彼は、親自身の生と子どもの生とによって織り上げられてゆく「タペストリー」を想像する。織り上げられてゆく中で、独自の色調や模様があらわれてくる。これは、それぞれの糸がバラバラに存在している時には見いだしえなかった価値ではないか――。

(2) ナラティヴの用い方を問う

生命倫理学の方法としてナラティヴ・アプローチを用いようとすると、それが方法論として適切なのかが焦点になってくる。ナラティヴ・アプローチを用いること自体や、それをいかにして行うかが吟味されなければならない。例えば、最も基本的なこととして、物語（あるいは事例）の「記述」のあり方を問わねばなるまい。同じ事例をどう記述するかによって、それを読む人の抱く印象や判断も左右されるからである。何が描かれ何が省略されるか、どんな文体で書かれるか、登場人物がどんな「キャラクター」として描かれるか等々によって、読む人の受ける印象は変わる。

チェンバーズ編『生命倫理のフィクション』は、こうした視点で編まれた論文集になっているように思える。「データとしての物語」、「事例から距離をとること」、「事例のクロノトープ」、「事例の始まりと終わり」、「なぜ生命倫理学にはキャラクターが不在なのか」、「媒体は道徳的メッセージである」、「事例に性別をつける」といった論文に、こうした問題意識があらわれている。

また、カロンとモンテロ編『物語こそ重要だ』では、記述のあり方のみでなく、ナラティヴ・アプローチを採用することそのものをもっと広い視野から吟味している。これも主だった論文の標題だけ並べると、「生命倫理の信頼性、間主観性、テキスト性」、「文脈―後ろへ、横へ、前へ」、「時間と倫理」、「キャラクターという発想」、「プロット―生命倫理におけるフレイミング・コンティンジェンシーと選択」、「読者の反応と、それがなぜ生命医学倫理において問題となるのか」など、オリジナルのナラティヴ・アプローチといえる文学領域の物語論の諸概念を持ちだして、倫理的な問いにこれを応用することの意味や問題点が論じられている。

2　臨床事例へのナラティヴ・アプローチ

こうして概観してみると、英語圏における生命倫理学へのナラティヴ・アプローチの多様な展開とともに、きわだった固有の特色が見えてくるように思う。その一つは、ナラティヴ・アプローチが、事例研究に関連づけられている点にあるといえる。実際の事例であれ、架空の例え話であれ、彼らは事例を題材にして議論を展開しようとする。これが、日本の生命倫理学とは大きく異なっている点である。背景には、英語圏に特有の哲学的伝統である分析哲学やプラグマティズムがあり、事例がしばしば訴訟に発展する司法的な環境で論理構築が進められてきた米国社会の特徴などがあるのかもしれない。いずれにせよ、英語圏の生命倫理学では、事例研究を基盤にした系統だった方法論が発達した。その代表的なものが、ジョンセンらの『臨床倫理学』(Jonsen et al., 1982 = 2006)であり、ビーチャムとチルドレスの『生命医学倫理』である。これらに比べれば、ナラティヴ・アプローチは、系統的な方法論にはなっていない。生命倫理の領域に限らず、ナラティヴ・アプローチは概して多様な方法の「群」の様相を呈しており、多様性そのものが特色だとさえいわれる(Atkinson & Delamont, 2006)。生命倫理学の方法論としても、これをことさら系統だったものとして確立する必要はないのかもしれない。

しかし、ここでは敢えてナラティヴ・アプローチが、少なくとも臨床事例を検討する方法として、ある程度系統だったものとして成り立つ可能性を考えたい。筆者はこれについて一応の見通しを示してきたが（宮坂，2005）、ここではナラティヴ・アプローチが既存の方法――ジョンセンらの方法、およびビーチャムとチルドレスの方法――とどう違うのかを掘り下げて考えたい。

(1) 臨床倫理学

ジョンセンは、一七世紀のパスカル以来激しく攻撃されてきた決疑論の、いわば名誉回復を試み、事例研究の方法論を基礎づけた。ジョンセンは、トゥールミンとともに『決疑論の濫用』（Jonsen & Toulmin, 1990）という皮肉めいた題名の本を書き、西洋思想史のなかで決疑論がどのように扱われてきたかを概観した。彼はまた、別の共著者らとともに先述した『臨床倫理学』を著し、生命倫理学の実践的な方法論としての決疑論を定式化してみせた。これは、医療従事者が臨床において実践できるものとなっており、きわめて実用的なものであった。事例に含まれる事実関係を、「医学的適応」、「患者の意向」、「ＱＯＬ」、「周囲の状況」という四つの枠に沿って記述してゆく。この「四分割表」を完成して、全体を見渡しながら、最善の行動を考える、というものである。

(2) 医学倫理の四原則

ビーチャムとチルドレスの『生命医学倫理』の方法は、四つの基本的な倫理原則（自律尊重、無危害、仁恵、正義）をあらゆる問題に応用可能なものとして立てておき、これを用いて個別の問題を検討しようというものである。一見するとジョンセンらの方法とは別物だが、実際には同じように決疑論的に利用することができる。事例によってどの倫理原則を適用するかをケースバイケースで考える。例えば、「自律尊重」原則とは、患者の自律性や自己決定権の尊重を意味する。しかし、患者が自殺を望んでいる場合とか、知的障害によって意思を表明できない場合などには、「自律」の定義を検討したり、まったく別の倫理原則を検討したりする。

(3) 規範性、物語性、社会構成性

個別の臨床事例を検討する上で、「臨床倫理学」と「四原則」は、いずれもすぐれた方法である。しかし、これらがナラティヴ・アプローチであるとはいえないだろう。マリーの分類では、事例研究そのものがナラティヴ・アプローチの一形式とされているが、「事例研究をするための方法」を厳密に考えるなら、ナラティヴ・アプローチと呼びうる条件を考えなければならないはずである。

まず、冒頭に述べたように、倫理学の方法としては、①記述のみでなく規範を導くものであること――つまり、当面する問題を解決したり、より一般的な規則を導いたりすることが、必須の条件である。これにくわえて、少なくとも、②個人の物語性が配慮されること、および③事象に関係する複数の個人の物語が併存し、相互に作用しあうという社会構成性が配慮されることの二つは、ナラティヴ・アプローチが最低限満たすべき条件と考えてよいのではないだろうか。

規範性、物語性、社会構成性の三つを、生命倫理学のナラティヴ・アプローチの最低条件と仮定してみると、他の主要な方法とナラティヴ・アプローチとの相違がはっきりするように思う。例えば、三つの条件を一つずつ消してみればよい。

まず、物語性と社会構成性を指向するが、規範性を指向しない方法とは何だろうか。これこそは、「語り」の記述を主眼とする、社会学や心理学と同様の記述的方法であろう。

次に、規範性と物語性のみが指向され、社会構成性が指向されない方法とはどんなものか。これは、人間個人に焦点を当て、個人の性格や認識、経験といったもののなかに、道徳的な行為の根本原因を見いだそうとする研究を導くだろう。例えば道徳発達論や徳倫理といったものが、これに分類できるかもしれない。

最後に、規範性と社会構成性の二つが指向され、物語性が指向されない方法――これこそが、「臨床倫理学」と「四原則」ではないか。これらの方法は、特に社会構成性をうまく捉える仕組みになっている。「四原則」では、倫理的な見解の不一致を「異なった倫理原則を参照している」と捉える。AさんとBさんの見解が対立するのは、四原則のどれを重視するかの判断が異なる、という説明がなされる。他方、「臨床倫理学」では、臨床での立場・役割を認識させることで、よりはっきりと社会構成性を認識させる構造になっている。臨床においては、伝統的に医師の判断のみで治療方針が決められてきたのだが、四分割表では「医学的適応」という枠が用意され、医師の見解は他の枠と並列的に置かれ、いわば相対化される仕組みになっている。他に「患者の意向」に患者の、「周囲の状況」に家族の意向や利害対立が割り当てられ、「QOL」という枠を設けることで、身体的側面のみに関心を向けがちだった医師の評価基準を相対化し、心理的、社会的側面に目を向けさせるようになっている。

しかし、「四原則」も「臨床倫理学」も、関係する個々人の物語性にはほとんど関心を払わない。捉えるべきは個々人の物語ではなく、参照している倫理原則であり、意向や利害対立である。AさんやBさんが、どんな人生を歩んできて、その行路の中に、現在の考え方の違いを見いだそう、などという発想はない。あくまで関心の中心は、現時点での要約された事実であり、争点である。当面の問題を解決できるのであれば、それでも問題はないのかもしれない。しかし、「四原則」も「臨床倫理学」も、論点を整理した先の「解決の道筋」を示してはいない。「四原則」のなかには、四つの倫理原則のあいだの対立を調停する役割を果たすものは含まれていない。「臨床倫理学」では、四分割表による論点整理や対立点の明確化を行ってからの、その先の問題解決の道筋は示されていないのである。

この、「解決の道筋」を照らし出すのに、ナラティヴ・アプローチが寄与するのではないかとの期待がある。しかし、その方法は今のところ明らかにされてはいないし、生命倫理の問題は、そう簡単に片付くほど単純なものではない。何といっても、扱う題材は、古来から人間にとって容易に解き得ない難題であり続けてきた生老病死についての問いである。

⑷　具象と抽象

しかし、考えるための手がかりがないわけではない。その一つは、問題の論理学的な性質を注意深く分析することである。試みに、「抽象と具象」という視点で生命倫理の様々な問題を考えてみると、それが高度に抽象的であり、同時に高度に具象的でもあることに気づく。例えば、典型的な難問といえる下の二つの問いは、抽象的だろうか、それとも具象的だろうか。

「生命維持処置の不開始や中止は許されるか」
「重い障害のある子どもに、生命維持処置を施さずに死なせてよいか」

これらの問いは、抽象的かつ具象的である。抽象的に論じていこうとすれば、例えばカントが行ったように、思考の対象を論理的なカテゴリーに分け、主体と客体、物として扱いうるものと独立した価値を持つものとに分ける、というような議論が可能だろう。「私が自らの生命の短縮をもたらす選択をすることが、倫理的に妥当なのか――例えば、普遍化可能なのか」、「私が自分の子どもの生命の短縮をもたらす選択をすることについてはどうなのか」という問いを立て、「私」、「身体」、「生命維持装置」、「子ども」といったものの性質や関係を考察することができるはずだ。

その一方で、これらの問いは、きわめて具象的なものでもある。問いに含まれる概念は、どれをとっても具象的に定義せざるを得ないものばかりである。「生命維持」という一見抽象的な概念は、

「人工呼吸器」、「経管栄養」といった、医療現場で実際に使用されている具象的なものによって定義せざるを得ない。「障害」という抽象的概念も、発生機序や治療法などについての、きわめて具象的な医学的理解に頼らざるを得ない。人工呼吸器を付けるべきか判断に迷う状況とは、具体的にどんなものか。子どもはどんな障害を持っているのか――こういった諸条件によって、問いそのものの意味が変わってしまう。

抽象への探求と、具象への探求は、どちらも単独では十分ではない。生命の短縮をもたらす選択の「普遍化可能性」を検討する人が、「人工呼吸器の装着」という具象を理解せずに論考を進めることはむずかしい。反対に、「人工呼吸器」の是非という具象的な問題を検討する人が、「それが万人の選択たり得るか」という「普遍化可能性」の問いに立ち返らざるを得ない場合もあるはずだ。

こう考えてくると、この、「抽象と具象との往還」こそが、倫理の本質をなすもので、すぐれた方法論とは、それを自覚させ実践させるものではないかと思えてくる。これについて、架空の事例研究を行って検討してみよう。

3　架空の事例研究

前に掲げた「生命維持処置の不開始や中止は許されるか」、「重い障害のある子どもに生命維持処置を施さずに死なせてよいか」という二つの問いを同時に含んでいる事例は、実は私たちの身近なところにいくらでもある。例えば、全国各地にある病院や療養所の、重い障害を持つ人たちが入る部門に、である。以下に示すのは、筆者がこうした領域にたずさわる医師らの研究班で見聞きした多数の事例を参考に、筆者が創作した架空の事例である。

(1) 重症心身障害児の事例

患者は一五歳で、点頭てんかん（上体と頭部を強く前屈する瞬間的強直発作が続けて起きる。多くは精神発達遅滞を伴い、成長に伴い全般てんかんや他の型のてんかんに移行する）で、身体と精神の両方に重度の障害を持つ、いわゆる「重症心身障害児」であった。運動機能はきわめて未発達で、ほとんど寝たきりの状態だった。

患者は肺炎を起こし、総合病院の救急外来に運ばれてきた。胸郭の発育が十分でないため、唾液が気管内に流れ込んで肺炎を起こしやすかった。このため、担当した医師は、気管切開を行うことを家族に勧めた。しかし、家族はこの提案を受け入れなかった。気管切開をすることに抵抗を感じている様子だった。

救急医には、気管切開をして人工呼吸器を装着するのが最善に思えたが、親は一貫して「気管切開をして人工呼吸器を始めると、それを外せないし、そこまでのことはできない。人工呼吸器は使わない」との意向であった。これについては、この子どもを長年にわたって診察してきたかかりつけの小児科医も賛成しているという。救急医は、この患者に人工呼吸器を装着しない選択が倫理的に正しいのか、小児科医と話し合うことにした。

この症例には、重症心身障害児の治療方針をめぐる困難な問題が、典型的に含まれている。障害は重度で、一定の対症療法はあるが、大きな改善は見込めず、身体機能が次第に悪化してゆく。現状では人工呼吸器の装着が最も確実な生命維持のための処置であるが、これには濃厚な医療的管理が必要となり、在宅療養は非常に難しくなる。このため、単純化していえば、以下のいずれかの方針を選ばなければならない。

（A）人工呼吸器を装着せずに在宅で療養し、施設での医療処置は一時的・補完的なものに留める。
（B）人工呼吸器を装着して、施設で濃厚な医療的管理を受けながら療養する。

(2) 実践可能なナラティヴ・アプローチ

このような臨床事例を考えるためのナラティヴ・アプローチとは、いかなるものだろうか。ここでは、敢えて「利用しやすい、簡便なナラティヴ・アプローチ」というものを構想してみたい。なぜ「簡便」であるべきなのかというと、ナラティヴ・アプローチを用いるのは、現実には医師や看護師のような医療従事者だからである。臨床での活動のなかで、彼らが利用できるナラティヴ・アプローチでなければ意味がない。彼らに対して、すぐれたドキュメンタリー作家や文化人類学者のような技術を要求することはできない。「紙とペン」および「対話」――つまり、いつでもどこでも、特別でないものを使って行えるナラティヴ・アプローチこそが必要だと考えるからである。ある程度の訓練を積んだ医療従事者ならば、誰にでもナラティヴな倫理的分析ができる——そのような状況は、患者にとっても有益なことではないだろうか。

(3) ライフヒストリー

個人の物語を把握するための実践的な方法は、実は医療の領域で様々に試みられている。なかには、生命倫理のナラティヴ・アプローチにもほとんどそのまま利用できそうなものがある。一つの簡便な方法を示すなら、「個人史を記述する」ことである。これにはさほど特別な技巧は要求されない。彼らは患者に対して、ライフヒストリーについてのインタビューをすればよいのである。例えば以下のような質問は、何も特別なものではない。

「生まれた時の様子はどうでしたか」
「最初に障害の兆候に気づいたのはいつ頃ですか」
「その時どんなお気持ちになりましたか」
「どんなことが大変でしたか」

(4) 複数の物語の併存

複数の当事者のライフヒストリーを記述し、それを相互に照合することで、当事者個々人がそれぞれの人生の文脈の中でたどってきた経験についての知識が得られる。そこで多少の想像力を働かせれば、当事者個々人の「物語」を記述することも行いやすくなるだろう。

「患者Aさんにとって、どんな経験だったのだろうか」
「家族のBさんにとっては、どんな経験だったのだろうか」

登場人物の関係図を描いたり、重要と思われる言動を記録したりしながら、各自の「物語」――それぞれの人の立場から、問題がどのように経験されているか――を知ろうというアプローチは、医療、特に看護学の領域ではすでに行われている。倫理的な問題の検討においても、これらと同じような分析をすることは不可能ではないだろう。医療従事者が行ってきた分析と異なる点があるとすれば、患者の側の物語（「患者の物語」、「母親の物語」、「祖父の物語」等々）だけでなく、医療従事者の側の物語（「主治医の物語」、「看護師の物語」、「作業療法士の物語」等々）も把握すべきだという点である。医療従事者も、倫理的問題に対しては、個々人によって異なった認識を抱いているはずで、これを相対化して捉える必要があるからだ。

こうした手法によって、巧拙はあるだろうが、物語性と社会構成性を取り入れた事例の記載が可能となるはずだ。一例として、次に掲げるのは、こうした簡便な方法によって把握した物語性を加味した事例記述――質的研究でいうところのストーリーライン――である。

・生まれた時のこと

橋本直樹さんと文江さん夫婦のあいだに、結婚三年目に最初の子どもが生まれた。文江さんによく似た色白の男の子だった。やや小さく生まれたので、「大きく羽ばたいてほしい」という願いを込めて、翔と名づけられた。二人にとって初めての子育てで不安だったが、妻の母親の富江さんが頻繁に家に来て育児や家事を手伝ってくれた。元気に育っているように思えたが、文江さんが心配したのは、激しく夜泣きをすることだった。夜泣きのことを相談されたとき、富江さんは、「このくらいは何でもないよ」と文江さんを安心させようとした。

・重い障害を持つことがわかった時のこと

その年の九月のある日、生後六ヶ月になった翔君は、突然激しいてんかんの発作を起こした。その時、文江さんは一人でミルクを飲ませていたが、激しい発作の様子に気が動転し、どうしていいかわからなかったが、とにかく救急車を呼んだ。

病院では、小児科医の田中医師が「点頭てんかん」だと説明した。しかし、文江さんにとって、その病名自体がまったく聞いたことのないものだった。夫の直樹さんが駆けつけると、文江さんは泣きながらその病名を伝えた。直樹さんは自分でも田中医師に面会して説明を聞いた。翔君は思ったより重い病気で、「最重度」つまり、体も自分で動かせず、知能の発育も非常に遅れる「重症心身障害児」になる可能性があるとのことだった。直樹さんは大きなショックを受けたが、妻の前では冷静に振る舞った。

・人工呼吸器の使用を打診された時のこと

翔君は一六歳になり、気管カニューレにたまってくる啖を吸引器で除去する回数が頻回になっていた。八月のある日、ちょうど訪問看護師が来ている時間帯だった。突然、翔君が苦しそうにあえぎ、顔色が真っ青になった。今井看護師がアンビューバッグ（非侵襲的な人工呼吸器）を使って呼吸を助け、救急車を呼ぶように文江さんにいった。文江さんは急いで携帯電話で救急車を呼んだ。

病院の救急外来で、翔君は気管挿管などの処置を受け、安定した状態になった。救急外来の青木医師は、「人工呼吸器をつけた方がよいと思います」といった。「お子さんの呼吸は不安定で、誤嚥による肺炎を起こしやすくなっています」とのことだった。

文江さんは大きな不安を感じた。人工呼吸器のことは、知人の医療関係者から「気管切開をして人工呼吸器をつけると、介護が大変になるし、外せなくなる」と聞いていた。

かかりつけの小児科医の田中医師に連絡すると、「お母さんたちがよく考えて、この子には呼吸器をつけないと決めるなら、私はそれも立派な選択だと思う」といった。

こうして物語性をともなって把握すると、不十分ながらも、患者や家族の「私の物語」レベルへの理解が得られ、見解の相違をより深い奥行きをともなって把握できる。「奥行き」とは、少なくとも、①心理的な深さ、つまり、感情や気持ちの揺れ動きなどや様々な思惑など、複雑な心理状態の一端を把握することであり、②時間的な経緯、つまり、個々の人たちがどんな経験を経て、現在の考えを抱くに至っているかを知ることであり、さらには、③関係性つまり、家族、近親者のような「重要な他者」や、まったくの赤の他人を含む人間集団のなかで、当事者がどんなかかわりあいをして、現在の考えを抱くに至っているかを知ることであろう。

前に見たように、単純化してしまえば、見解は（A）人工呼吸器を装着せずに在宅で療養するか、（B）人工呼吸器を装着して施設で療養するか、という二つの間で分かれている。前者は親と小児科医の見解、後者は救急医の見解である。これについて、たんに要約された「見解」としてではなく、もっと深い「物語」として把握することができる。

(5) 家族の物語

文江さんは、長年にわたって介護の主な負担を引き受けてきた。「これまでどうにかやってこれたし、これからも頑張れると思う」と、継続していくことを覚悟している様子もある。しかし、「これがどのくらい続くのかわからない不安がある」と語っている。人工呼吸器の装着は、さらに長い年月にわたる介護を引き受けていくことを意味する。その年月を見通すだけの自信が持てない。

夫の直樹さんは、そうした文江さんの立場を気遣い、「文江にこれ以上の負担を強いる」ことに懸念を抱いている。文江さんの母親の富江さんは、「もともと五体満足な子じゃないんだから」と、重い障害を持っていることに触れている。この言葉に対して、両親は沈黙している。

(6) 医療チームの物語

青木医師は、できれば気管切開と人工呼吸器の装着を行いたいと考えている。理由は明確で、「肺炎や呼吸不全を防ぐこと」という医学的なメリットを考えてのことである。しかし、この事例の場合、その選択が子どもにとって最善の選択とまで強く主張はできない。本人の状況を十分に改善できる見込みがある事例ならば、親権剝奪などの法的対応さえも考えたかもしれないのだが。

これに対して、田中医師は、このような症例の患者には、人工呼吸器の装着は行き過ぎた医療だと考えている。子どもの持っている生命力を超えて不自然に生命をながらえさせるように思えるし、せっかく家庭で過ごしてきたのに、施設に入れることで親子を引き離すことになる。

(7) 社会の物語

生命倫理の問題は、臨床の判断のみを狭く捉えているわけにはいかない。臨床という限られた空間の外に問題を持ち出してみて、社会的な視点で検討する必要がある。なぜなら、患者側と医療従事者側とで十分に納得して行った行為が、社会の規範と調和しないこともあり得るからである。例えば、司法が介入し、医療チームが取り調べを受け、過失責任を問われることになることもあり得る。彼らの責任を判定するのは、警察、検察、裁判といった法律のオーソリティである。警察が捜索をすれば、その発表を受けてマスメディアは記事を書く。そういった記事では、医療従事者を断罪するような論調になることも多い。こういった「社会の物語」にも目を配る必要があるだろう。

例えば以下のような重要な論点は、無視できないはずだ。

◆生命維持処置の不開始と中止

親が懸念しているように「気管切開をして人工呼吸器を装着すると、それを外せない」という点は、日本では最大の焦点になっている。「ひとまず装着してから、外すことも考える」ということができない。しかも、成人の場合には、人工呼吸器を外した医師などが刑事責任を問われた事例も生じているが、重症児の場合には、そうした事例はほとんど知られていない。これを、司法の関与が一貫していないと見なすこともできるだろうが、「人工呼吸器外し」について、成人と子どもとでは異なった「社会の物語」が併存していると捉えることもできる。

◆社会資源の配分をどうすべきか

もっと世知辛い物語も、社会には存在している。「どうして、重度の障害児に対して、高価で人手もかかる生命維持処置を行わなければならないのか」、「親が望んで引き受けようというのなら構わないが、過度に大きな公的資金を投入すべきではない」というような意見は、陰に陽に聞こえてくる。

(8) 普遍的な問いと個別的な問い

こうして臨床倫理の事例研究を検討すると、倫理的な問いが持つ普遍性と個別性という両義性に気づかされる。この両義性は、おそらく、生命倫理学が「どこに置かれるか」に関係するのだろう。生命倫理学が哲学倫理学領域のアカデミックな探求であるならば、目的は、例えば「重い障害のある子どもに生命維持処置を施さずに死なせてよいか」というような、普遍的な問いへの回答を見いだすことにあるだろう。

これに対して、生命倫理学が「臨床」に置かれれば、個別的な問い、つまり、この事例での回答を見つけ出すことに目的が置かれる。この架空の事例の場合は、当事者が話し合って納得する選択をすれば、それで大きな遺恨を遺さずに終わるであろう。二つの選択肢――（A）人工呼吸器を装着せずに在宅で療養する、あるいは（B）人工呼吸器を装着して施設で療養する――のどちらを選んでも、当事者が納得しているのであれば、ことさら問題視する人はいないはずである。医師らが訴えられることも、まずはないだろう。

しかし、個別的な問いのなかに置かれた人も、普遍的な問いの前に立たされることがある。それは、具象的な事例を経験することで、より洗練された形式で問い返される問いになっている。例えば以下のように――。

「子どもとはいえ、〝他人〟である親や医療従事者が、その生死を決定してよいのか」

「子どもにとって、ほんとうに幸せな状態とはどんなものだろうか」
「障害があることが、人間の価値を減じると言えるのか」

こうした普遍的な問いの存在を感じるからこそ、当事者は問題の難しさを意識するのではないだろうか。特に医療従事者は、個別的な問いを扱いつつ、普遍的な問いを意識する――彼らは多数の症例にかかわっているために、一つの事例を他の事例と比較して考えられる。Xさんの家族では受け入れてもらえたことが、なぜYさんの家族ではできないのか――。

さらにいえば、生命倫理の問いは、患者や家族に対しても普遍的な問いを投げかけるものでもある。上の事例で、祖母の富江さんが「もともと五体満足な子じゃないんだから」と語った際に、他の二人は沈黙した。彼らは、普遍的な問いの前に立たされているのかもしれない。そういった類いの問いは、実際の事例でも、親たちから発せられる苦悩や熟慮、あるいは自分たちが一つの判断を受容していく上での「焦点」になっているように思える。彼らは、「自分たちの子ども」についての個別的な判断をしながら、それをいくぶんたりとも普遍的な視点で捉え直しながら迷い、考えているように思えるのである。

(9) 最後に

こうして考えてくると、生命倫理学へのナラティヴ・アプローチとは、少なくとも「抽象―普遍」の領域にあったものを「具象—個別」に置き直すだけのものではないように思えてくる。むしろ、倫理的な問いが本質的に備えている「具象性と抽象性」および「普遍性と個別性」という困難な両義性を、無視せずに捉えるよう、私たちに迫ってくるものではないかと思えるのである。

〔本稿は、科学研究費補助金（課題番号12871005）、および厚生労働省精神・神経疾患研究委託費17指—11、20—14「重症心身障害児（者）の病因・病態解明、治療・療育、および施設のあり方に関する研究」による支援を受けた研究の成果である。〕

参考文献

Atkinson P. & Delamont S. (2006) "Editor's Introduction: Narratives, Lives, Performances." in Atkinson P. and Delamont S. eds., *Narrative Methods*. Sage Publications: XIX–LIII.

Beauchamp, T. L. & Childress, J. F. (1979) *Principles of Biomedical Ethics*. Oxford U. P.＝(1997) 永安幸正・立木教夫監訳『生命医学倫理』（原書第3版の邦訳）成文堂

Chambers, T. ed. (1999) *The Fiction of Bioethics: Cases As Literary Texts*. Routledge.

Charon, R. & Montello M. eds. (2002) *Stories Matter: The Role of Narrative in Medical Ethics*. Routledge.

Frank A.W. (1995) *The Wounded Storyteller: Body, Illness, and Ethics*. University of Chicago Press. ＝(2002) 鈴木智之訳『傷ついた物語の語り手—身体・病い・倫理』ゆみる出版

Jonsen, A. R., Sieglar, M, Winslade, W. J. (1982) *Clinical Ethics: A Practical Approach to Ethical*

Decisions in Clinical Medicine. McGraw-Hill.＝(2006) 赤林朗・大井玄監訳『臨床倫理学』(原書第5版の邦訳) 新興医学出版社

Jonsen, A. R. & Toulmin S. (1990) *The Abuse of Casuistry: A History of Moral Reasoning*. University of California Press.

宮坂道夫 (2005)『医療倫理学の方法 原則・手順・ナラティヴ』医学書院

Murray, T. H. (1996) *The Worth of a Child*. University of California Press.

Murray T. H. (1997) "What Do We Mean by Narrative Ethics?" Nelson ed. op. cit.: 3-17.

Nelson, H. L. ed. (1997) *Stories and Their Limits: Narrative Approaches to Bioethics*. Routledge.

Nussbaum, M. C. (1990) *Love's Knowledge: Essays on Philosophy and Literature*. Oxford University Press.

Thomson, J. J. (1971) "A Defense of Abortion." *Philosophy and Public Affairs*, 1 (1): 67-95.＝(1988) 加藤尚武・飯田亘之編『バイオエシックスの基礎』東海大学出版会：82-93

第八章　紛争をめぐるナラティヴと権力性

司法へのナラティヴ・アプローチ

和田仁孝

1　ナラティヴと権力性

ナラティヴ・アプローチは、それによって従来の権力概念とは異なる新たな不可視の権力性の次元を可視化する効用を持つ。権力については、実体化され保有されるものとしての概念、相互作用の中に発現する因果的作用を意味する概念など、社会科学の歴史の中で多様な概念化がなされてきている。(1)しかし、ナラティヴ・アプローチは、一方で、個々の相互作用の中で紡ぎだされるナラティヴそのもののなかに、またその交錯のなかで、微細で多様な権力性を見出すことを可能にし、他方で、その時その場での一回起性の権力性の構築と、同時にそれを可能にするとともに規制するドミナントなディスコースの構造とを同時に把握できるアプローチということができる。[2] それは、専門家とクライアントのかかわりを政治的な実践と捉えつつ、その専門家の権力性の転換を試みようとしたナラティヴ・セラピーの理念的基盤に端的にあらわれている。[3]

司法の領域は、まさにこの「権力性を制御する権力性」の領域であり、二重の意味で権力をめぐって、ナラティヴ・アプローチの有効性を示しうる領域である。また、この「権力性を制御する権力性」は、同時に正当性をめぐる物語の領域でもある。

以下、まず、準備作業として、ナラティヴ・アプローチにおける権力理解の特性について、筆者なりの視点から検討してみよう。

第一に、権力と正当性の物語的構築過程を理解できる可能性である。われわれは、自由に自分の意思で行動できる世界に住んでいると認識している。道を行く見知らぬ人々の誰かから、理由もなく呼び止められても、暴力的な威嚇でもない限り、それに応じる必要はない。しかし、その呼びとめた者が、警察官の場合、多くの人はその指示に従うだろう。そこには「警察官の制服」が表象する「正当な権力」をめぐる物語が潜んでいる。なぜ、ただ単に服装が異なるだけで従うのかの背景には、「法」「警察」などをめぐる概ね共有化された（かに見える）物語の力が働いているわけである。しかしまた、同時に、たとえ警察官であっても、従う必要がないと考える者も当然に存在する。「警察といえども、ただ歩行しているだけなのに呼び止められる理由がない。それは正当でない権力行使の試みにほかならない」とう見解も成り立つ。ここでは、一般的な概ね共有された（かに見える）物語が、実は別様の解釈にも開かれていることが示されている。「権力」と「正当性」の物語の多義性であり、その揺らぎの例である。

しかも、その揺らぎは、その時その場の状況によって、同じ者であってさえ、解釈が異なってくる。何もない雑踏での歩行中に警察官に呼び止められる場合と、たまたま居合わせた事故の現場で警察官に呼び止められ、証言を求められるのとでは、そこで紡ぎだされる権力と正当性の物語も異なってくる。

ここで示されているのは、権力と正当性が、一定のナラティヴによって構成されつつも、同時に、個々の主体、個々の状況に応じて、それが揺らぐものであることを示している。換言すれば、その時その場の出来事の中で、権力と正当性をめぐる物語は、その都度、書き換えられ、創りかえられているということである。

第二に、ナラティヴ・アプローチが明らかにするのは、こうした権力生成の普遍的性質である。言い換えると、「正当なもの」として、直接には「権力行使」とは見えないような現象に潜む権力の契機を抉出することが可能になるという点である。これはフーコー的な権力の位相と通じている。(4)

まったく人も車もいない深夜の交差点でも、自動車の運転手は信号が赤であれば停車する。それをあたかも当然のこととして運転手は受け止めており、ほとんど疑問すら浮かばない。これを単純に、ルールとその遵守という単線的な理解で片付けるのは、あまりに単純である。当然の正当な行為として意味づけられる背景に、「正当な振る舞い」をめぐる共有された（かに見える）物語が存在しており、それが個々人の規範意識を介して一定の行為を命じている、ないし自らそれに適応するように馴致しているということもいえるわけである。すなわち、ナラティヴ自体が、それが共有化されたかに見えることを通して、常に不可視の権力的作用を発現しているのである。このような「命令者なき命令」という不可視の権力作用は、ナラティヴ・アプローチでしか把握することができない。

このように、権力と正当性をめぐって、ナラティヴ・アプローチは、権力という現象の微細な動態と生成の過程、他方で、その背景を構成する支配的な物語としての言説構造の双方を視野におさめつつ、その再帰的関係を明らかにしてくれるアプローチなのである。このことを念頭に、司法をめぐるナラティヴの構造について見ていくことにしよう。

2　司法のナラティヴ構造

(1)　司法のドミナント・ストーリー——正義の女神テーミス

さて、司法をめぐる物語は、どのようなものとして存立しているだろうか。司法の世界においては、それを象徴するシンボルとして、正義の女神テーミスの像が有名である。正義の女神テーミスは、片手に秤、片手に剣をそれぞれ持ち、目には目隠しをしている。これは、公平に判断をするための秤、その裁断を実効力あらしめるための力としての剣、そして情実に流されたり不純な要素に侵されたりしないための目隠しであるとされる。

これは、まさに西洋出自の一つの正義をめぐる物語の表象にほかならない。そこに含意されているのは、個々の個別事情からは超越した普遍的規範としての法が存在し、それを公平に適用するという手続過程を経て正義にかなった解決がなされうるとの物語であり、また、それを実効的ならしめる制度的な力が正当な権力行使として容認されているという物語である。

いうまでもなく、こうした正義と法の捉え方は、必ずしも普遍的なものではない。例えば、紛争の当事者双方の個別事情を知ることなく両者から等距離にあること（目隠し）によって、より正義にかなった判断が可能になるという考えに対し、むしろ、両当事者の事情をより深く知っている者こそ、実情に即したより正しい判断が可能であるという考え方も成り立ちうる。前者は、司法の正義をその手続的過程により重点を置いて捉えるのに対し、後者は、手続よりむしろ判断の実体的な適正さを重視する志向性をもつ。いうまでもなく、前者が西洋近代の物語に基づいているのに対し、後者は人類学的にもアフリカやアジアの村落社会などでよく見られた物語であるといえる。

こうした正義をめぐる物語の相違は、現在の司法の場でも、形を変えてあらわれてくる。例えば、商事仲裁などにおいて、調停手続から仲裁手続へと手続が移行する際に、この思考の相違があらわれてくる。調停という手続は、調停人の仲介により、両当事者が合意によって解決をする手続である。解決の具体的内容についての合意が成立しなければ不調に終わる。これに対し、仲裁という手続は、あらかじめ仲裁人の判断に服するとの合意さえあれば、最終的判断の内容にかかわらず、当事者はそれに拘束される。調停手続で交渉を繰り返してきたが、当事者間では合意に到達出来ない。

そこで、そこから第三者に、いわば下駄を預ける形で判断を下してもらう仲裁手続きに移行しよう、というのは実務的にもよくみられることである。二〇〇八年の一月、ニューヨークで開催された全米ロー・スクール協会の大会のあるセッションで、この点が取り上げられた。中国、ロシアなどでも教鞭をとるニューヨークのロー・スクールの教授の問題提起は、アメリカでは、この場合、それまで調停手続にかかわってきた調停人とは異なる者が仲裁人になるのが当然であるとの理解であるのに対し、中国では何の疑問もなく、それまで調停手続にかかわってきた調停人が、手続移行後、そのまま仲裁人になる、これをどう考えるか、というものであった。(5) おそらくわが国でも、それまで当事者の交渉を見守ってきた調停人が、最終的に下駄を預けられて判断をする、というのは自然なことと受け止められるのではないだろうか。アメリカでは、仲裁手続きに移行した以上、仲裁人は別の第三者に代わらねばならない、そうでなければ手続的公正に違背する、すなわち、正義の女神は「目隠し」をしていなければならないのだとの見方が一般的であった。

これはまさに、正当な権力の源としての正義をめぐる物語の相違である。我が国の法専門家による法と正義の物語は、文化的土壌(物語的特性)の影響のもとで適応化されているところもあれば(例えば調停人が、そのまま仲裁人に移行するなど)、固有の文化とのギャップを意識するあまり、逆に西洋的物語に過剰適応しているような側面もある。

ただ、いずれにせよ、このように共有された(かに見える)物語と、その時その場に適応して創出される正義をめぐる物語には差異がある。具体的な生活の中での「その時その場」が、司法の現場とは隔絶している一般人と、「その時その場」が司法の現場と接している割合の多い法律家とでは、法と正義をめぐる共有された（かに見える）物語にギャップがあるのは容易に予想される。専門家と一般人の物語の差異である。

司法の現場では、法と正義の一般的物語を前提としながらも、法律家は、その時その場の個別的状況の中で、それを適応化させ、新たにミクロな物語を創出し続けている。現場は、不確定性と揺らぎに満ち満ちているが、法の現場の専門家たちは、範型的物語をしなやかに個々の事情に適応化させつつ、同時に範型的物語を傷つけぬよう、再帰的な営みに勤しんでいる。そこには、一般に共有された（かに見える）法と正義の物語と、連動しつつも位相の異なる「司法の現場の物語」が紡ぎだされている。法の専門家だけが有するこの「現場の物語」こそが、専門家としての相場感覚、事案の見通し、適切な選択などの実践を可能にしているのである。これは一般人には不可視であるが、いうまでもなく、司法の現場では、この専門家の物語が、圧倒的優位をもって、それぞれの物語の「語られ方」そのものを規定していくことになる。ここに法と正義をめぐる物語の衝突と権力性の顕現の契機が存在する。

西洋出自の理念を元に構成された法と正義と権力の物語を、我が国は移植し、制度として受け入れてきているが、その場合、「西洋的物語と日本的物語の差異」と「専門家の物語と一般人の物語の差異」という二重の差異の中で、そのギャップはより大きく深くならざるを得ない。

そうした揺らぎを内包しつつも、法専門家にとって、また司法の現場において、その物語の基本構造（ドミナント・ストーリー）をなしているのは、西洋出自の法と正義の物語であるといってよい。手に秤と剣を持ち、目隠しをした正義の女神テーミスは、やや日本的な顔立ちをしながら、また、時にはひそかに目隠しをずらして盗み見をしながら、なお我が国の法廷を睥睨しているのである。

(2) 日常的法構築——日常解釈・専門家

さて、これに対し、一般人の側から見た法と正義の物語はどのようなものだろうか。一般人から見た法と正義をめぐる物語についても、洋の東西による文化的・制度的土壌に起因する相違があるとともに、それが反映する形で専門家の物語との相違も異なった様相を示すようになる。

例えば、訴訟や法律家が身近に存在するアメリカでは、人々と司法の距離が近い。文化的な背景に留まらず、この司法との距離感が、実は法と正義をめぐる物語に大きな影響を与えている。人口の実に二五〇人に一人が弁護士というアメリカでは、多くの人々はかかりつけの弁護士を持ち、何かあれば弁護士に相談をする。大きなショッピング・センターの敷地や、郊外電車のローカルな駅前にもロー・オフィスがある。訴訟当事者となる経験や陪審員として貢献する経験も、必ずしも珍しくはない。そうした司法が身近な環境では、法と正義をめぐる一般人の物語と、専門家の物語の差異は、比較的小さくなってくる。そこでは、建前的な法と正義をめぐる範型的物語への信仰は薄れ、より「司法の現場」の物語に近い認識が広がることになる。専門家が持つ「司法の現場」の物語が、一定程度一般人にも共有され、同時に法律家は身近であると同時に、必ずしも常に尊敬に値する存在ではないと認識されるのである。その結果、訴訟は「公正な紛争解決制度」というよりも「力のある者が力を行使する場」であったり、「言葉を通じたゲームの場」であるといった、「冷めた見方」が一般的となる。

これに対し、我が国では、いまだ法律家の数は少なく、アメリカの五〇分の一にすぎない。多くの人々にとって、裁判所は一生かかわりのない場所であり、弁護士もまず、かかわることのない人種ということになる。司法との距離は、諸外国と比べ極端に遠い。こうした司法との距離感ゆえ、法と正義をめぐる物語の構築において、その実際よりも理念の影響を受けることになる。裁判所は「公正な紛争解決の場」として信頼され、また法律家も、「正義と人権を守る信頼するに足るエリート」として、その物語の中に組み込まれる。

その結果、我が国では、一般人の「理念に根差す法と正義をめぐる物語」と、法専門家が持つ「現場実践に根差す法と正義をめぐる物語」と間の乖離がより大きくなってしまう。ただし、この一般人の共有された（かに見える）法と正義の物語が、司法との距離を保ったまま、語られ再生産されるにとどまっている場合には、大きな問題は生じない。なぜなら、理念に根差す一般的な法と正義の範型的物語の次元では、法専門家のそれと、一般人のそれとは、比較的近似しており、法専門家の現場実践に根差す物語は、通常、専門家内の物語として不可視のまま保たれているからである。そこでは、接触がないがゆえに、一般的物語の次元で、物語のとりあえずの共有が図られているのである。

しかし、ひとたび、司法との実際の接触が生じ、法と正義の物語を、その時その場の自らの問題とのかかわりの中で再構築しようとする時、この乖離は権力性の問題を生み出すことになる。司法との接触を図る際には、理念的な法と正義の物語は、個々の紛争当事者の個別具体的な事情や価値観とのかかわりで適応化されつつ、再構築されていく。「私の権利は守られるべきだ」との主張がなされる時、「権利の保護」というあるべき規範をめぐる理念的物語が、同時に、「私の」利益が守られるべきという、その時その場の個別的物語と融合して構築されていくことになる。いわば、個々の紛争当事者の「私的現場実践」に根差した物語に書き換えられることになるのである。

あらかじめ、法専門家とさほど変わらない「司法現場の物語」を共有しているアメリカの紛争当事者と異なり、理念的物語しか持たない我が国の紛争当事者は、より「私的現場実践」に引きずられた個別の物語を構成していく傾向が強い。そこには、さらに罪と罰をめぐる文化的物語などの影響も交錯してくる(6)。

いうまでもなく、紛争当事者のこの法と正義をめぐる私化された物語と、法専門家の専門的物語の乖離は、アメリカ以上に大きくなる。我が国の人々の司法をめぐる物語は、距離を置いた一般的物語、いざ接触する際の私化された個別の正義の物語、そしてその結果としての法専門家の物語とのギャップを大きな特徴としているということができる。

(3) 前提としての紛争――物語の対立的交錯

さて、人々が司法と接触する際には、いうまでもなく、相手方がそこに存在する。刑事であれば検察、民事であれば相手方当事者である。ここでは民事を念頭に議論を進めていく。司法が動員される際、前提として相手型との紛争が存在している。

この紛争状況とは、まさに異なる物語が、幾重にも重なり合いつつ、衝突し、拡散し、あるいは再構成されていく過程にほかならない。それは単純な「事実」をめぐる立証、認定の過程でもなく、法規範の一意的な適用の過程でもない。多くの場合、訴訟に来るようなケースは、当事者間に「事実」をめぐる認識のギャップが存在し、いずれかが虚偽を語っているというよりは、異なる「現実」がそこで提示されているのだと見る方が実態に近い。

すなわち、ある問題をめぐって、それぞれが異なる物語を構築し、その交錯と衝突が見られるのが紛争状況にほかならない。いうまでもなく、ある出来事に関して構成される物語は、その当事者が日常的に、あるいは経験的に紡ぎだしてきた多様な物語との連続線上で構築される。一つの出来事をめぐる物語は、その背景をなす重畳的な私的物語群の基盤の上に成立している。厳密には、あらゆる物語は、それゆえの多元性、相対性を免れえない。紛争状況では、その齟齬がまさに主題化され、物語の書き換えをめぐる争いとなっているわけである。それぞれが相手方の物語を否定し、自らの物語を「正当」なものとして主張する。正当性の根拠は、それ自体、重層的に折り合わされた私的な物語のブレンドの中に見出される。

その際、実は、法と正義の物語は、こうした状況において、固有の優越性を有する物語として動員される。それぞれの物語は、紛争状況に入ったとたん、それぞれの個別の利益や私的な価値の問題を超えて、法と正義により支持されたものとして書き換えられる。しかし、それは単に、超越的な法と正義の物語の援用というだけではなく、当事者個々の物語の中に融合されつつ、それ自体が書き換えられる過程でもある。それゆえ、当事者間の物語の齟齬は、法と正義の物語と接合されることで、埋め合わされるどころか、よりその射程を広げつつ、対立を大きくしていく場合が多い。

さらに、問題が訴訟など司法の場に持ち出される際には、この構造はその複雑性を一段と増すことになる。司法の場に紛争を持ち出すことで、「司法」というシステムないし法専門家が、第三のアクターとして物語をめぐる錯綜したかかわりの中に介入してくることになるからである。紛争当事者個々の描く「事件の物語」は、「あるべき法と正義の物語」と呼応して、いずれも独自の解釈により構成されたその時その場の物語として拮抗する関係にある。さらに、裁判官、弁護士など法専門家は、「司法現場の法と正義の物語」という固有の物語を前提に、その拮抗の中に踏み込んでくる。いうまでもなく、この法専門家の「現場の法と正義の物語」は、いずれの当事者が描く「あるべき法と正義の物語」とも異なり、それゆえ対立的な関係となる。

したがって、司法の場では、個々の紛争事案をめぐる物語の正当性を構築する過程(双方が受容するかどうかは別として)であると同時に、法と正義の物語それ自体を構築する場でもある。さらに、この法と正義の物語の構築過程は、ひそかに一定の権力性にお墨付きを与える、すぐれて権力的な過程にほかならない。

さて、以下では、こうした点を念頭に置きつつ、医療事故紛争の領域に焦点をあわせ、司法の場での物語の構築と権力性の問題を考察してみよう。

3　医療紛争におけるナラティヴの交錯と権力

(1)　医療事故紛争の構造

医療事故紛争は次のような意味で、司法におけるナラティヴ・アプローチの有益性を検証するのに適した領域である。

第一に、医療の領域が、司法と並んで、重層的な物語によって構成された特殊な領域であることが挙げられる。司法が、「理念に根差した法と正義の物語」と「現場に根差した法と正義の物語」の二重構造を持っているのと同様に、医療も、専門医学的言説に基づく「医学の物語」と「医療現場の物語」という、相似した二重構造を有している点である。「医学の物語」は、様々な疾病に対する専門医学的な知識や技術をめぐる言説に基づく極めて専門性の高い物語である。もちろん、一般人も、こうした医学の言説を通俗的に流布する情報を援用しつつ、一つの物語として構築している。高度医療に関して週刊誌やテレビで放映される情報、個々の疾病領域での手術実績に基づくランキングなど、そこから派生し、日常的物語の中に融合された一般人の「医学の物語」にほかならない。

他方、日常的に現場にかかわる医療者は、また別様の物語を有している。多くの医師が日中の勤務から当直を経て、さらに続けて勤務するなかで、ほとんど酩酊状態に近い感覚で診療に当たらざるを得ない場合があること、リスクの少ない手術を中心に多くの症例を流れ作業的にこなす医療機関は、手術件数、成功率とも高くなるが、そこでは扱わない困難な症例に立ち向かう高度な技術をもった医師や医療機関は、逆に症例数は多くはなく、成功率も当然低くなり、ランキングも低くなること、などもその一つである。また、どのような症例では手を出さないのか、その理由は、など、現場でしか共有されていない現場の物語がそこには存在する。いうまでもなく、司法の場でも、こうした医療の「現場の物語」を細部まで知悉しているはずもなく、こうした「専門医学の物語」と「現場の物語」の二重の物語構造が、司法の場でいかに扱われるかは興味深い問題である。

第二に、医療事故紛争の領域は、愛する者を失った悲嘆や、身体的な機能を損なわれた苦悩など、人間にとって共有されやすい日常的感覚に根ざした「被害の物語」と、「医学の物語」と「医療現場の物語」の二重性を背景に構築される医療側の物語の対立という、やや異質な物語の交錯が見られる領域である。比較的同質の物語の交錯する領域とは異なり、こうした異次元の物語の拮抗のなかで、司法の物語がどうかかわり、またそこで再構築されていくのか、その過程を理解するには適した領域でもある。

第三に、司法改革が進行し、法専門家の数が増えるとともに、司法の機能強化が進められている現在、司法が社会に浸透する時に何が起こるかを見るのに適した紛争類型であるということもいえる。なぜなら、医療現場は、我が国でも数少ない、訴訟リスクが極めて高い現場であり、多くの医療者が日常的に司法介入の可能性を念頭に置いて、すでに行動しているからである。日常診療における、萎縮医療・防御医療に留まらず、リスクの高い診療科選択の回避、リスクの高い病院勤務から開業医への転身、リスクの高い地域医療からの撤退など、その背景に訴訟の影があることは否定できない[7]。法と正義の物語が、現場の日常的物語とかかわる形で構成されているという意味で、いわば、法化社会が先取りされた紛争領域ということができるのである。

(2) 「論理」と「物語」の差異をめぐって

被害者側、医療者側、それぞれが構築する物語の特質について検討していく前に、よく人口に膾炙する「被害者の論理」「医療の論理」「司法の論理」といった観念と、それぞれの「物語」という場合の差異について言及しておきたい。

「被害者の論理」「医療の論理」といった言葉自体、物語を構成する一つの要素ではあるが、「論理」という語が用いられる場合には、一定の特性をそこに垣間見ることができる。それは、いわば縮減的静態性とでも呼ぶべき凝縮した固定的性格が含意されている点と、相互の対立的差異化が含意されている点である。この静態性と差異性は、医療紛争という語りの空間においてナラティヴ・アプローチが切り拓く可能性と、むしろ対極的な関係に立つ。以下、「論理」という語の含意と、

「物語」の相違を対比する中で、物語として捉えていくことの意義を明らかにしていこう。

まず、第一に、「論理」が、ある固定し安定した固有の特性を措定しているのに対し、被害者の物語、医療の物語、司法の物語という時、そこには、それぞれのリアリティ構築における開放性と動態性が含意されている点である。被害者の物語であれ、医療の物語であれ、物語は、一定のまとまりは保ちつつも明確な境界線を持たず、その周縁は多元的な言説と交錯し、常に開かれている。それはとりもなおさず、まとまりをもった物語自体が、常に再帰的に構築され続けているという動態性を有していることを示唆している。この点で、「論理」と「物語」は、まさに対峙的な関係にあるといえる。いわば開放的動態性と閉鎖的固定性の対立ということができる。

第二に、それを敷衍すると、物語が常に語り手の「その時その場」の個別具体的な状況のただなかにおいて、その個々の語りを構成するとともに、その個々の語りの多元性によって再構築され続けているという、再帰的循環を前提としているのに対し、「論理」という観念は、そうした個々の個別的語りの運動を超越したところに、集合的な安定した何かとして存在するという特性につながる。すなわち、「論理」と「物語」の差異は、超越的安定性と状況的再帰性の対立軸である。

第三に、そうした志向の相違は、実践的・価値的志向にも反映してくる。「論理」観念がともすれば、差異の強調による対立構造を措定しているかに見えるのに対し、「物語」は、その再帰的動態性を通じて、融合と対立の乗り越えという可能性を拓いてくれるからである。論理の対立を超えて、物語の位相を交錯させることで、相互の語りの書き換えによる融合への道筋が切り拓かれる可能性が、そこには見えてくるからである。

これらの点を念頭に置きつつ、それぞれの物語の構造を見ていくことにしよう。

(3) 医療事故被害者の物語の構造

患者側は、予期しない重篤な有害事象が発生した場合、それをミスによるものと認識し、物語を構成していく。微細な医学の物語も、医療現場の物語も知らない患者・遺族にとって、それがミスによるものか、不可抗力だったのかは、評価することはもちろん、その区別自体がほとんど意味をもたない場合が多い。「合併症」などという概念も、そもそも初めて聞く言葉であったりする。不慮の不可逆的不利益の発生は、医療者の責任において発生した「被害」、本来発生するはずのなかった「被害」として解釈され、それこそが「被害」の物語という「現実」として認識されるのである（野口，2005）。おそらく、こうした物語の構築は、やり場のない苦悩と悲嘆の中で、患者・遺族が自らを支え、世界に全うに向き合っていくために不可欠な手段なのかもしれない。マスコミなどを媒介として構築される「医療ミス」のストーリーは、そうした苦悩に物語的な形を与えていく際に利用可能な準拠枠組みとして機能する。苦悩は、「被害」のナラティヴを誘発し、「被害」のナラティヴは苦悩に形を与えていくのである。

この患者・遺族の物語には、一定の範型的パターンがみられる。すなわち、「真相を知りたい」「謝罪や誠意ある対応をして欲しい」「二度と事故を起こさないようにして欲しい」「金銭の問題ではない」などである。こうした多くの被害者に共通する語りは、不慮の事故に起因する深い苦悩と悲嘆の語りとして理解されなければならない(8)。

「真相を知りたい」という語りは、決して単純に客観的事実を羅列することを要求しているのではない。それは、事故の状況を微細になぞることで、亡くなった被害者の無念さに寄り添うこと、その一瞬一瞬に、医療者が何を思いいかなる対応をしていたのか、などのすべてを確認することで、自らも幾分かは救済されようとする情緒的感情の語りにほかならない。「謝罪と誠意」への要求も、「再発防止」も、被害者を慰撫し、悲嘆体験を克服していこうとする想いをあらわす語りである。また、「金銭問題でない」とするのは、やはりかけがえのない価値を金銭で置き換えられることに対する感情的反発の語りである。

このように、紛争における当事者の語りは、定型的ではあるが、事故によるかけがえのない価値の喪失という事態の前で、苦悩に苛まれる個々の具体的な悲嘆体験に形を与える語りであるということができる。

そして、この被害の物語に、それを根拠づけるものとして法と正義の物語が導入されてくることになる。これら情緒的な欲求を背景とする被害の物語が、当然に司法によって救済されるべきであり、それこそが法と正義の実現であるという形での法と正義の融合的構築が、そこで行われることになる。

すなわち、患者・被害者側にとって、医学・医療の物語も、法と正義の物語も、情緒的な欲求に形を与える被害の物語に適合する形で、再構築されていくのである。

(4) 医療者の事故をめぐる物語の構造

医療者の事故をめぐる物語は重層的である。それは、事故に直面した一人の個人としての物語、医学の専門家として物語、病院組織や訴訟など外部組織との関係の中に位置づけられた現場に生きる者としての物語などから複合的に構築される。

まず、事故に直面した個人としての医療者の物語について考えよう。多くの医療者にとっても、事故は突発的に生じるものであり、医療者自身もある意味で「事故」に巻き込まれた「被害者」であると認識するかもしれない。専門医学的には一定の頻度で不利益が生じ、予測が現実的に困難なケース、いわば不可抗力による事故の場合には、「できる限りのことをした結果なのに、なぜ非難されるのか、自分こそ被害者である」という思いは強くなるだろう。ここでは、事故の責任は、「システム的要因」や完璧ではあり得ない「医学の限界」に帰責されている。それは、患者・遺族とは異なり、医療者に固有の専門医学の物語、医療現場の物語を背景に構築される事故の物語ということができる。

次いで、医学の専門家としての物語である。医療者として、個人的物語とは別に、医学・医療の専門知識にもとづいて事故の客観的経過を分析し、合理的な意味を事態に付与していくことがなされる。こうして構築された合理的で客観的な「専門医学的説明」という名の物語は、いかに善意による説明として提示されたとしても、先に見た情緒的欲求に根差した患者・被害者側の求める「真相究明」とは異質なものであり、しばしば結果として、「医療側はごまかそうとしている、嘘をついている」といった対立的な物語の構築を促進してしまうことになる。専門医学の物語による説得は、異なる物語に依拠する患者側には、そのままでは受け入れられ難い言説である。

最後に、病院組織およびその外部環境をなす訴訟を初めとする法制度、マスコミ報道など、その影響のもとで医療者が構築する物語がある。医療者の物語は、患者への対応を超えて、こうした外部制度の影響（それが構築するであろう範型的物語）をも勘案しながら構築されねばならず、より直接的には病院組織の一員としての物語構築が要請されるのである。

この医療者をとりまく「個人（被害）の物語」、「専門医学の物語」「組織防御の物語」は、相互に矛盾することも多い。専門医学的にはミスではなくとも、被害者への共感から苦悩にとらわれる医療者、グレーゾーン事例で有利な専門医学的ストーリーに専ら依拠して「現実」を構築しようとする医療者、責任を認め被害者への謝罪を欲しながら、組織との関係でそれができない医療者、患者側に共感しながらも、訴訟へのおそれから防御的な物語に依存する医療者、そこには様々な形での物語の変異が見られる。専門家であるとともに、その現場で生きる個人でもある医療者の物語は、このように錯綜した構造を持つことが多い。

また、医療者側の法と正義の物語は、ややシニカルである。司法の役割が大きな海外の人々と同じく、司法を公正な紛争解決のフォーラムというより、医学の不確実性と医療の現場への理解がないまま、後付けの誤った医療事故の物語を産出する制度としてみる批判的な視点を有している。

(5) 法専門家の医療事故をめぐる物語

医療事故紛争が司法の場に持ち出される際、法専門家も一つのアクターとしてかかわることになる。法専門家の医療事故をめぐる物語は、患者・被害者のそれとも、また医療側のそれとも緊張関係に立つ独自のものとして構築されている。

第一に、司法の場においては、当然ながら事実の認定が行われなければならない。被害者側は、情緒的な欲求に根差した被害の物語の一部としての「真相究明」を求めている。他方、医療者側は「医学の物語」「医療現場の物語」に根差した医学的原因究明として「真相究明」を認識している。しかし、法専門家にとっては、もちろんこれらを勘案しつつも、判決における法的効果を導くために必要とされる「要件」を確定することこそが「真相究明」にほかならない。過失、因果関係といった法的概念に適合する事実の認定だけが司法の場で意味ある真相究明なのである。被害者が求める微細な事実経過をめぐる真相究明の物語は、いうまでもなく、そこで満たされることはない。医療側が求める医学・医療的な視点から求められる実証科学的な真相究明も、そこでは異なる扱いを受ける。なぜなら、法専門家にとって、「事実認定」とは、事実についての評価にほかならず、その意味ですぐれて規範的な物語構築の営みに他ならないからである。過失の有無は、予見可能性や結果回避可能性といった概念に区分けされ、それへの適合的事実の情報が整理される。その上で、必ずしもクリアカットではない一定の基準に基づいて、「過失の有無」という「事実」として認定される。因果関係も、科学的因果ではなく、相当性の評価の結果として認定される。それは、医療側に賠償責任を負わせるか否かという、実践的課題に応えるための手段的な物語の構築に他ならない。これは、司法現場の法と正義の物語として、法専門家には共有されていても、被害者、医療者双方にとって、異質な物語として司法への失望を招くことになる。被害者側からは、自らの求めるものに応答してくれないという不満が生じ、医療側からは、不確実性の中で選択を重ねていかざるを得ない医療現場の実情を無視して後付けでこうすべきであったと断罪される不当な評価として批判されることになる。

第二に、解決結果が、損害賠償という金銭給付の有無に、最終的には収束せざるを得ないという点である。これは、専門的な法と正義の言説からは、当然のことであるが、とりわけ、金銭賠償より真相究明や、謝罪・誠意などを求める被害者にとって、結果的にその解決の部分性と非応答性がクローズアップされることになる。

第三に、司法における手続進行にかんする法律家の認識も齟齬の大きな源泉となる。法専門家にとって、法廷での手続進行こそ、法専門家でなければ対応できない場面であり、またそれは、裁判官、相手方弁護士などと共有された司法現場の物語に即した進行が求められる場面でもある。それらは、法専門家にとって、当然の前提として存在している。こうして、被害者、医療者双方の物語は、その表出すら制御され、司法の現場の物語によって支配されていくことになる。被害者、医療者双方とも、こうした司法の場における司法的物語構築を念頭に、自らの物語を適応化させざるをえない。その過程で、本来、自らが自己の物語の中で融合的に構築していた法と正義の物語は、司法の現場における法と正義の物語の優越性の中で抑圧されてしまうことになる。

そしてここに、正当な規範的制御という形をとった、物語構築過程の支配と抑圧という権力の契機が顕現してくる。(9)

4　司法の相対化――ナラティヴ・アプローチの実践性

司法の現場で、錯綜した物語の交錯の中で、法専門家が当然視する物語が優越的位置を占めていることは、明らかである。それは、紛争当事者が、自らの紛争に関して、正義のフォーラムでの公正な判断を得るというものではなく、むしろ、当事者の物語が、原告であれ、被告であれ、司法の物語の前で抑圧される過程であるとさえいえる。しかも、この権力は、実際にその過程にかかわった当事者がどう評価しようと、一般的な距離を置いた法と正義の理念に根差した物語によって、正当なものとして認識される。

個別の事件について、こうした観点から、それぞれの物語がいかに交錯し、いかなる抑圧が生じているかを検証することは、ナラティヴ・アプローチによる権力と正当性問題への接近の可能性をより明確に示してくれるだろう。これについては、今後の課題とし、以下、こうした権力性を低減させる可能性のある機会と場について、触れておくことにしたい。

まず、第一に、弁護士は、そうした法の枠組みを前提に被害者と向き合い、司法の場でできることと、できないことについて説明する重要なインターフェイスの位置にある。司法の現場の物語と被害の物語、ないし医学・医療の物語とのインターフェイスの位置にあるからこそ、そこでの対話のありようが極めて重要な意義を持つ。紛争当事者が、固有の物語の中に融合させている固有の法と正義の物語を、抑圧的にではなく、司法現場の物語と調整していく作業は、極めて重要である。最終的には、一致することはあり得ないとしても、その意味や状況を踏まえて、ともに司法現場をめぐるその時その場に妥当する共有されうる物語を構築していくことは、弁護士のみがなしうる作業であり、責務というべきである。

第二に、司法過程それ自体を、それぞれの当事者の物語が提示され、ある程度の調整がなされる機会を提供するような場として捉え直す方向である。誠意や謝罪は判決としては難しくても、当事者が向き合う機会の中で一定程度果たされることが可能である。いわば、司法の機能を、対立する物語に対して、優越する位置から別様の法の物語に依拠して裁断する過程としてではなく、対立する物語が、相互にふれあい自主的な調整がいささかでも図られるのを促進する、そのような場として位置づけることである。これ自体、司法の物語に対する別様の物語にほかならない。あるいは、司法に替わるＡＤＲ（Alternative Dispute Resolution, 裁判外紛争処理）の整備も一つの可能性である。

司法は、その法と正義の物語の影で、こうした物語構築の過程をしばしば権力的に抑圧する作用を果たしていることに自覚的でなければならない。ナラティヴ・アプローチは、まさにそうした不可視の権力発現の過程を明らかにする有益なアプローチに他ならないのである。

注

（1）例えば、スティーヴン・ルークス（1995）、星野（2000）など参照。

（2）構造と実践の再帰性については、例えば、ピエール・ブルデュー（2001）、アンソニー・ギデンズ（1996）参照。

（3）シーラ・マクナミー、ケネス・J・ガーゲン編（1997）参照。

（4）ミシェル・フーコー（1975）など参照。

（5）二〇〇八年一月二～六日、ニューヨークで開催されたAmerican Association of Law SchoolのADRセッションにおけるHal Abramson（Turlo Law School）教授の報告による。

（6）一般に我が国における過失犯に対する処罰感情は、諸外国に比べて強いと思われる。例えば、医療事故における刑事手続の発動はアメリカを含め、非常に謙抑的である。我が国でも判決動向自体は謙抑的であるが、刑事立件数などは、格段に多いといえる。

（7）勤務が過酷で訴訟リスクも高い産科や小児科および外科系領域の医師数が減少し、他方で皮膚科などの医師が増加している現象、一人で診療に当たることからリスクが高くなる僻地を避け都市に医師が集中する現象、病院勤務を避け開業医へと流れる傾向など、昨今注目されている医療崩壊現象の背景について、小松（2006）参照。

（8）この被害者の語りの意味について、和田・前田（2001）、和田（2006）参照。

（9） この日常的ナラティヴの法専門家の物語の緊張関係について、和田（2001）参照。

参考文献

Bourdieu, P. (1980) *Le Sens Pratique*. Paris, Ed. De Minuit. ＝（1988）今村仁司訳『実戦感覚 1・2』みすず書房

Foucault, M. (1975) *Surveiller et punir, naissance de la prison*. Paris, Gallimard. ＝（1977）田村俶訳、『監獄の誕生―監視と処罰』新潮社

Giddens. A. (1976) *New Rules of Sociological Method: A Positive Critique of Interpretative Sociologies*. London, Hutchinson. ＝（2000）松尾精文・藤井達也・小幡正敏訳、『社会学の新しい方法規準―理解社会学の共感的批判』而立書房

星野智（2000）『現代権力論の構図』情況出版

小松秀樹（2006）『医療崩壊』朝日新聞社

Lukes, S. (1974) *Power: A Radical View*, Macmillan. ＝（1995）中島吉弘訳『現代権力論批判』未来社

McNamee, S. & Gergen, K. J. (ed.) (1992) *Therapy as Social Construction*, London, Sage. ＝（1997）野口裕二・野村直樹訳『ナラティヴ・セラピー――社会構成主義の実践』金剛出版

野口裕二（2005）『ナラティヴの臨床社会学』勁草書房

和田仁孝（1996）『法社会学の解体と再生―ポストモダンを超えて』弘文堂

和田仁孝（2001）「法廷における法言説と日常的言説の交錯―医療過誤をめぐる言説の構造とアレゴリー」棚瀬孝雄編『法の言説分析』ミネルヴァ書房

和田仁孝（2006）「医療事故紛争のナラティヴ」江口重幸・斉藤清二・野村直樹編『ナラティヴと医

療』金剛出版
和田仁孝・前田正一（2001）『医療紛争』医学書院

第九章　組織経営におけるナラティヴ・アプローチ

加藤雅則

1　はじめに

想いを受けとめ、そこから引き出された一言が、その人を動かしていく。言葉の凄さを認識しました。最終プレゼンテーションにおいても、表面の言葉ではなく、内面の言葉が他の人を動かしていくさまを目撃することができました。これは新たな経験であり、発見でした。

（研修参加者の言葉、大手銀行　女性管理職）

組織の中で語りが変化するときに、場面が転換する。語りが一人称になり、自分ごとでの語りが始まると、周りに共感が生まれ、個人の孤立感が和らぐ。そして、時に個人の物語が組織の物語を動かしていく場合もある。本章では、実践事例を中心に、語りの変化が、集団や組織の活性化をもたらす可能性、いわばナラティヴの持つ力を検討したい。

2　組織論における語り

最近、組織経営の分野で、「物語」や「語り」に対する関心が急速に高まっている。その背景には、行き過ぎた客観的な論理分析思考に対しての反省があり、感情や想いといった主観的な側面を見直す流れがあるようである（野中・紺野, 2007）。組織論では、「物語」について述べる際に、ナラティヴという言葉よりも、「ストーリー・テリング」という言葉を用いることが多い（Mckee, 2003 ; Denning, 2004）。ここでわれわれが、敢えて「ナラティヴ」という言葉を持ち出す理由は何なのだろうか。組織におけるナラティヴの可能性を明かにするために、まず最近の代表的な組織論において、「物語」や「語り」が、どのように扱われているかを概観しておきたい。

組織論において、「語り」の重要性を強調しているのは、ナレッジ・マネジメント（知識経営）の領域である。ナレッジ・マネジメントの組織論では、知識が価値の源泉であるという認識がその出発点となっている。土地、労働力、資本や他の物理的な有形資産以上に、知識こそが組織の持続的競争力を生み出すという認識である。その知識をいかに組織の中で集積し、活用していくか、つまり、組織における「知識の在り処」と「知識の学習」を主なテーマとしている。ステファン・デニングらの研究グループは、「知識を構築し、移転する重要な方法の一つがストーリーである」と考えている（Denning et al., 2005）。彼らによれば、組織におけるストーリーの特質とは、持続性があり、ヤマ場（聞かせどころ）があり、センス・メイキング（説得力）を有しており、さらに、心地よいものであるのが、ストーリーの特質である。つまり、聞き手に対して、納得感のある形で、「こうすれば、このようになる」ということを指し示しているものが、ストーリーなのであろう。

さらに、デニングらは、こうした特質を持つストーリーを経営のツール（一組の道具）として活用することで、次のようなことが可能になると主張している。

・変革の為に複雑な考えをコミュニケートし、人々を説得すること
・人々を一緒に働かせるようにすること
・知識を共有すること
・情報網を管理下におき、ユーモアを扱うこと
・あなたが誰であるかを伝えること
・価値を伝えること
・人々を未来に導くこと

つまり、デニングらは、ストーリーを用いて、「組織の中で変化を引き起こす可能性」に着目しているのである。実際、デニングは、このように述べている。

「すべての分析を用いよ。しかし、物語を使ってアイディアを人々に内側から作り上げさせよ。さすれば彼らはそのアイディアを経験するようになり、そのアイディアを感じるようになり、そのアイディアがどのように働いているのかを理解するようになるだろう。」

さらに、自らの世界銀行における組織改革の経験を背景に、デニングは次の点も繰り返し強調している。「影響力があるのは、ストーリー（物語）ではなく、ストーリー・テリング（物語る）である。」組織変革を実行する指導者の資質として、ストーリー・テリングの能力に着目しているのである。また、共著者のラリー・プルサックも同様のリーダーシップの側面に注目している。例えば、IBMを建て直した名経営者ルー・ガースナーの例をあげて、「彼がしたことは、IBMがこれから何をしようとしているのか、IBMの将来の物語を語ったのだ」と捉え、「企業のCEO（最高執行責任者）の重要な業務の一つは、ストーリー・テリングを行うことだ」とも述べている。

デニングらの主張は、組織のリーダーが、意図的にストーリーの形式を活用し、自らのアイディアを物語ることによって、組織の中の古いストーリーを取り除き、変革を引き起こすことができるというものである。こうした考え方に立てば、組織における「語り」には、人を動かすことのできる「よいストーリー」と、人を動かせない「悪いストーリー」があることになる。その場合には、組織のリーダーは、意図的に「よいストーリー」を語るスキルを習得する必要があるということにもなるだろう。因みに、デニングらは、対話や会話、物語の違いを明確にする点については、意味はないと考えているようである。

「意図的な語り」の有効性を論じるデニングらに対して、他の組織論では、どのように「語り」を捉えているのであろうか。例えば、野中郁次郎らの研究グループによる知識創造組織論がある(野中・竹内, 1996)。日本企業の組織研究から生まれた、日本発の組織論であり、組織の中の知識創造のプロセスに着目した組織論である。知識創造論では、個人の「語り」が重要な役割を果たしており、知識創造の源として、組織の中の個人の「知」、中でも「暗黙知」に着目している点に特徴がある。「暗黙知」とは、「暗黙の語りにくい知識」であり、言語化しがたい知識である。例えば、個人の身体的な勘どころ、コツといった技能であり、主観的で情緒的なものである。「暗黙知」に対し、言語化され、ある形態にまとめられた知識が、「形式知」である。組織における「語り」を通じて、個人の「暗黙知」が「形式知化」され、それが他者の行動を促進し、その「暗黙知」が豊かになる。さらに、それがフィードバックされて、新たな発見や概念につながる。組織が個人・集団・組織全体の各レベルで、企業の環境から知りうる以上の知識を新たに創造することが、組織的知識創造とされている(野中・紺野, 1999)。

さらに、知識創造論では、知識の共有や創造に必要なものとして、「場」という概念を提示している。「場」とは、物理的な場所だけではなく、そこで共有された文脈であり、そこにかかわる人々の関係性である。ある状況、場面や空間の「場」があることによって、諸活動にコンテキスト(脈絡)と意味を与えられる。具体的には、四つの「場」が必要とされている。①「創発場」、②「対話場」、③「システム場」、④「実践場」である。①「創発場」とは、個と個が対面し、共感し、経験共有が行われる場である。②「対話場」とは、概念創造の場であり、各自が暗黙知を対話を通じて言語化、概念化していくための場である。③「システム場」とは、形式知を相互に移転、共有、編集、構築する場であり、典型的なものは電子メールによる情報共有とそれに伴う個人的なやりとりがあげられる。④「実践場」とは形式知を暗黙知として取り込んでいくための場であり、企業研修やOJTがその事例となる。

このように、知識創造論では個人、集団、組織全体の各レベルでの相互作用を重視しており、各層での主体的なコミュニケーションが、知識創造の鍵となる。特に興味深いのは、暗黙知が交換される「創発場」では、「物語」「エピソード」「手柄話」といった個人の「語り」が、暗黙知の共有・移転を促すとしている点である。デニングらが組織の「リーダーの語り」に注目しているのに対し、野中らは、組織の機能を担っている「個人の語りを出発点とした対話」に注目している点に違いがある。では、こうしたデニングらの「ストーリー・テリング」や野中らの「場における対話」と、ナラティヴ・アプローチのナラティヴ(語り)とは、何が違うのだろうか。われわれが敢えて「ナラティヴ」という言葉を持ち出す理由は何なのだろうか。次節においては、組織におけるナラティヴを具体的に検討する。

3　組織経営におけるナラティヴ・アプローチ——事例紹介

ナラティヴ・アプローチとは、「ナラティヴ（語り、物語）という形式を手がかりにして、何らかの現実に接近していく方法」である（野口, 2005）。本章の目的は、組織におけるナラティヴの特徴に注目して、組織経営の現実に接近することである。具体的には、実践事例を通じて、組織が活性化する場面において、どのような語りが行われているのかを明らかにしていきたい。

デニングらの「ストーリー・テリング」や野中らの「場における対話」は、組織の中で新しいアイディアを伝えたり、新たな知識創造する上での語りの有効性に着目していた。いわば「道具としての語り」である。では、なぜ組織の中で語りが有効になるのであろうか。どんな場面で、どんな語りが、その力を発揮するのであろうか。私たちは、組織における「一人称の語り」に着目している。「一人称の語り」とは、「自分についての語り」である。「自己語り」（Self-narrative）ともいえる。通常、組織の中では、「三人称の語り」が一般的である。会社についての語り、市場についての語り、顧客についての語りである。時に親しい同僚、部下、取引先との間では、「二人称の語り」もあるだろう。三人称や二人称の語りが支配的な組織の中で、一人称の語りが生まれる場面は稀である。しかし、そうした一人称の語りが生まれる場いわば「私が私について語る」場では、組織が活性化するという現象がある。

組織の中で、一人称の語りによって組織が活性化する典型的な場面は、企業研修の場である。実際、筆者がかかわっている一部の企業組織では、「一人称の語り」を意図的に起こす場として、研修を積極的に活用している。それは筆者が「物語による人材育成」と呼ぶ手法である。本人が自らを語ることによって、自ら気づく。このプロセスを同世代の集団の中で行い、相互作用を起しながら、将来の経営幹部を育成する手法である。通常の組織では、当事者として一人称で自由に語れる場がなかなか存在しない。組織の中で一人称の語りを起こすには、評価・判断されない「安全な場」と「語りのキッカケ」が必要となる。そこで、通常の業務とは切り離された場で、同じような立場・役割の人間を集めて、自由に語れる場を意識的に作り出すのである。それには、研修の場は最適である。研修の場での語りは、休憩時間や夜の飲み会における非公式な語りとは異なり、正式な場で行われている非公式の語りである。適度な緊張感と微妙な気楽さがあいまって、「一人称の語り」が促進される。

本節では、組織における「一人称の語り」の展開例として、物語による人材育成の事例（三例）を紹介する。事例を通じて、「一人称の語り」が生まれた時、どのように組織が活性化されるのか、その過程を描き出したい。

(1)ナラティヴによる「企業ＤＮＡ」の伝承（大手メーカー、主任エンジニア）

(2)ナラティヴによる横のネットワーク作り（大手銀行、女性管理職）
(3)ナラティヴを通じた現場における問題解消（大手銀行、支店マネージャー）

(1) ナラティヴによる「企業DNA」の伝承

A社は、技術開発に強いこだわりを持つ伝統的な大手メーカーである。高度成長期には、A社は均質な組織文化の中で、暗黙知を形式知に転換し、共有するための様々な仕掛けを内在していた。例えば、新入社員が必ず入寮する教育寮が存在していたり、一体感を醸成するための社員旅行や運動会が開催されたりしていたのである。同時に、単にマニュアルを読むだけではなく、濃密なOJTも実施されており、そうした仕掛けとセットになって、体験重視の人材育成が行われていた。仕事は同時に「学びの場」であり、問題が発生すると、組織の濃密な人間関係の中で解消されるメカニズムがあった。しかし、バブル期以降の業績停滞期において、大胆なリストラが実施され、こうした仕組みは希薄化した。グローバルな競争が激化し、収益力が低下する中で、経営トップからは、改めて自社の強みに立ち返るべきとの想いが提示されている。自社の強みとは、単に経営資産や技術力だけではない。それは創業当時の理念、すなわち、「そもそも自分たちは何を大切にする会社なのか？」という「企業の価値観」であり、「企業DNA」とも呼ぶべきものである。さらに、その会社独自の仕事のやり方・流儀、いわば「仕事の型」というものがあり、それらが組織の強さを生み出している。例えば、自動車メーカーのトヨタには、「五つのなぜ」と呼ばれる行動基準がある。現場で問題が起きた時、「五回なぜを考えよ」という共通の仕事のやり方が定着しているといわれている（Liker, 2003）。

A社の人材育成担当者と筆者は、研修参加者による「一人称の語り」を通じて、A社が潜在的に持っている「仕事の型」や「企業DNA」を言語化し、共有しようと試みている。往々にして、「企業DNA」の伝承というと、講義形式で、創業者の言行や成功談を押し付ける形となりやすい。その結果、創業者の言行や成功談は、あるべき論や道徳論となってしまい、当事者意識を削いでしまう場合が多い。そうした弊害を避けるために、参加者がまず自由に「一人称の語り」を行い、共通部分を明らかにすることで、「仕事の型」や「企業のDNA」が浮上するよう、研修の基本軸を設定している。研修において、最大のポイントは、「一人称の語り」のキッカケを作り出す点にある。日常の現場から切り離し、研修の場に来てもらえば、自然に「一人称の語り」が発生するわけではない。参加者が通常の分析モードを離れて、ナラティヴ・モードに入るキッカケが不可欠である。本プログラムの場合、語りのキッカケとして、A社の役員で、伝説の主任エンジニアと呼ばれているフェロー職をゲストとして招聘し、ゲストにまず一人称の語りをお願いしている。その語りとは、単なる先輩技師の成功談や自慢話ではなく、「あの時、自分はどう考え、どう判断し、どう行動したのか？」、その時の感情も交えて、極めてパーソナルなエピソードを共有してもらうのである。ゲストがパーソナルなエピソードを開示する度合いが深ければ深いほど、参加者の中に、共感や反発が生まれる。その感情的な反応こそが、今度は参加者自らの「一人称の語り」を誘発するのである。

A社の場合、部署の異なる四〇歳代の主任エンジニアを集めて、この研修を行っている。主任エンジニアという、同じ立場の人間を集める方が、目線の高さが統一され、対話が弾む可能性が高いとの判断だ。また、違う部署の参加者を集めるのは、同じ部署の場合、直接的な利害関係がある可能性もあることから、対話の中味に遠慮や制約が生じないようにという配慮である。そもそも、中堅の主任エンジニアを対象とするのは、彼らこそが組織の中核を担っており、経営者と現場に挟まれ、最もストレスが高いという前提がある。そうした彼らが自らの語りを通じて、何かに気づければ、彼ら自身のモチベーション向上につながると考えているのだ。また彼ら自身が自らの語りに納得がいけば、ひいては自分の部下に対する語りを誘発し、その気づきが自然に伝承される可能性があるとも考えている。つまり、中堅の「個人の物語」の再編集を進めることで、彼らの率いる「チームの物語」にも揺さぶりをかけようという狙いがあるのだ。

具体的に見ていこう。ゲストのパーソナルなエピソードを共有化した上で、「どこに共感したか?」「どこに反発したか?」「そして、自分自身はどうか?」という問いを立て、参加者同士で、二人一組、四人一組と組み合わせを変えて対話を実施する。そして、最後に円陣になって、対話した内容を全体で共有していくと、「フェローの時代とは違う」と反発しながらも、面白い反応やつぶやきが聞こえてくる。例えば、「(現在はアウトソーシングで外部から調達しているが)、自分もまたあの部品を作りたくなってきた」というゲストの姿勢に対する共感が表明されたり、さらには、

「俺たちはメーカーなんだよ。モノづくりをしたくて、この会社にいるんだよな」というコメントが聞こえてくる。場が大きくうなずく瞬間である。注意したいのは、発言の主語が時間と共に、変化していく点である。当初は、「あの人は」というように、三人称であった語りの主語が、「自分は」という一人称に変化し、さらには、「自分たちは」に変化してくる。「He→I→We」という変化である。しかも、語りの端々で、文末が「〜べき」から「〜たい」に変わってくるのである。個人の物語が再編集され、集団の物語へと進化していく様子がわかる。

参加者が自らの一人称の語りの中に「〜たい」を見つけ、それが自分一人だけのものではなく、他の参加者と共通点を持っているという体験が、組織の中での孤立感を緩め、新たな一体感を醸成する。毎回、参加者が変わることで、共通部分の表現は異なるが、その本質は同じものであることが多い。それこそが、A社独自の仕事の「型」である。誰かが決めたキャッチフレーズではなく、自らの体験と言葉に裏打ちされた、それぞれの身体に刻まれている「型」といえよう。自らの中に眠る「型」に気づいた参加者は、主体的に喜びをもって、その型を部下に伝えたくなる。そしてその語りが豊かであればあるほど、感情的な反応を呼び起こし、部下の中で新たな物語を生み出す。こうして組織の「型」が伝承され、それは「企業DNA」と呼ばれる組織の物語までも、更新する可能性がある。ある時、語りを終えたゲストの役員の一言が、とても印象的であった。「今までは、後輩の人に自慢話はしまいと思っていた。でも、こうして自分自身を振り返る機会を持たせてもらうと、自分にはまだ伝えていかなければいけないものがあることに気づいた。これからの自分の役割は、語り部だと思う。」語りは受け取る側の物語だけではなく、与える側の物語も更新するのである。

⑵ ナラティヴによる横のネットワーク作り

B銀行は複数の旧都市銀行が合併し、再編された大手銀行である。再編にあたっては銀行内が大きく混乱し、多くの退職者が発生した。B銀行は人材流出の穴をうめるべく、積極的に女性の管理職登用を進めてきた。しかしながら、ながらく男性中心社会であった組織で、女性が管理職になることに対しては、様々な抵抗や反発があった。また、同性との間であっても、昇格した人と昇格していない人との溝が生まれてしまう。その結果、昇格した女性が職場で孤立してしまうのだ。さらに、女性の場合、結婚、出産、介護といったライフ・イベントが男性より早く訪れる可能性が高く、ライフ・イベントが発生した場合、それを理由に退職してしまうケースも少なくない。こうした状況の下で、経営トップから銀行風土の意識改革の一環として、さらに女性登用を進める方針が打ち出されたため、早急に登用した女性管理職を支援する施策を打ち出す必要があった。男性が主流の管理職ネットワークの中で、孤立しがちな女性管理職の支援策を検討するに際して、ナラティヴ・アプローチと関係の深い「セルフ・ヘルプ・グループ」が参考になった（野口, 2002）。同じ悩み、痛みをもった人同士が、お互いの個人の物語を交換し、共有することで、それぞれの抱える問題解消を目指す試みである。

B銀行においては、二〇人前後の女性管理職に対し、半年間にわたり、約一ヶ月に一回の頻度で、一泊二日の合宿形式の研修を実施した。まず、日頃、個人的に悩んでいること、困っていることをテーマに設定し、二人一組で、お互いの「自分についての語り」を交換する対話からスタートする。さらに、四人一組、八人一組、全体へと、対話を拡張していくのが、運営の特徴である。まず二人一組でじっくり相手の「一人称の語り」に耳を傾ける、自分の「一人称の語り」も聞いてもらう、この双方向の体験が、場に対する信頼を確かなものとし、本音が話せる場が醸成されてくるのである。いきなり全員に対して、興味のあるテーマを投げかけても、是非の議論はできたとしても、すぐに本音に迫る深い対話にまで至るのは難しい。

こうした場作りを行うと、最初は（経験的には一日目の夕方くらいまでは）、不平、不満が続出する。「どうして？」「なんで？」という表現ではじまる、被害者の物語である。ここで肝心なのは、こうした不平、不満を修正しようとしないことだ。不平、不満を話してもいい。どんどん吐き出せばいい。その不平、不満の裏側には、実は自分はこうしたいという願いが隠されているからだ。それは、井戸を掘るようなイメージである。最初は泥水が出てくるが、ある地点を過ぎると、それが清水に変わってくる。例えば、他責モードで経営陣を痛烈に批判していた参加者が、「あの再編合併の時、世間の冷たい眼を感じた。でも私が辞めなかったのは、やっぱりこの銀行が好きなんだよね。」と、ぽつりと語る時があった。その話を聞いた全員が「ハッ」とした。一人の気づきが全員の気づきに伝播する瞬間である。この「ハッとする瞬間」が訪れると、対話の場は反転し、前向きな議論が生まれてくる。いつ、どこで、この瞬間がやってくるかはわからないが、必ずやってくる。その瞬間を摑まえることができれば、単なる「不平・不満の会」で終わることはない。参加者が問題を自分ごとにし、自らの問題に対する主導権を取り戻す機会にすることも可能となる。

B銀行の場合、こうしたプロセスを半年間繰り返し、最終的に、参加者が経営トップに対し、自分の想い（願い）と具体的な改善提案を伝える機会を設定している。提案を受け止めた経営トップ自身が、自ら自分の言葉で、「一人称の語り」を語り出すシーンも見られ、男女に関係なく、誰もがB銀行で働く自分の物語を語りたいことがわかってくる。経営トップが見ている課題と参加者が見ている課題が、〝つながっている〟、〝同じ方向を見ている〟という実感が生まれ、参加者のモティベーション・アップになっているのだ。なかには、参加者の想いに裏打ちされた提案が経営トップを揺さぶり、実際に銀行の施策に活かされたものもある。しかし、それは副次的な効果に過ぎない。参加者の代表的な声を拾ってみると、必ず目に留まるのは、「私の問題は、私一人の問題ではなかった」という気づき、発見がある。まさしく、「孤立感の解消」である。一人ひとりの孤立感の解消は、女性管理職がB銀行で働き続ける上での強いネットワークを構築していく。ある参加者はこう述べている。「このネットワークは、私のセーフティ・ネットになります。」

銀行組織は「縦の関係性」が厳しいピラミッド型の組織である。その中で、マイノリティである女性管理職同士が、「個人の物語」を交流することで、自然に「横の関係性」が生まれている。トップダウンの施策で、人為的にこうしたネットワークをつくろうとしても、出来るものではない。

三年間にわたる継続的な取り組みの結果、約一〇〇人の卒業生を生み出した研修は、今後、男性を交えた研修に進化しようとしている。

(3) ナラティヴを通じた現場における問題解消

一人称の物語で語られるリアル感が、人の気持ちを動かし、時に大きな組織の物語に転じていく経験を積んだB銀行では、さらに現場における具体的な問題解消を図る取り組みを始めている。現場における問題解消とは、研修という非日常的な場を活用せず、実際の現場に近い場で、目の前の問題に対し、ナラティヴの力を試す取り組みである。

B銀行は現場力の向上を目指し、地域経営を導入している。支店を地域によってグループ別に編成し、各地域がわざわざ本部部門の決裁を待つことなく、独自に現場で課題解決ができるように、本部の権限を地域に委譲しているのである。首都圏C地域の課題は、地域内の支店間で成功事例や問題事例を共有し、地域全体で顧客への提案力を向上することにあった。しかしながら、個人ベースの業績評価制度が導入され、自分の案件処理に精一杯で、そうした事例を共有する余裕はない。現場には、「顧客と銀行内で自分を評価してくれる人へのグリップが握れていれば、自分は困らない、何とかなる」というような空気が支配的であった。しかも、銀行界には「自分がどう評価されているか」を極端に気にする風土が根強くある。その結果、オープンな場で、発言することを躊躇する傾向があり、なかなか自分たちで議論を深めるのが不得意であった。

B銀行の担当者と議論を重ねた結果、C地域の現場力向上に必要なのは、「現場の問題をメンバーで共有し、共感することで、問題を共通目的に変換する対話力ではないか」という仮説を設定した。第三者が一人称で語る本音の問題を、自分たちの問題として捉え直すことのできる関係性を作り出す対話力があれば、事例の共有は容易になるだろうと考えたのである。そうした対話力を育成するには、ある種の対話のルールが必要である。ルールがあることで、安心して、「一人称の語り」が交流する場が形成されるからだ。そこで、対話のルールとして、アンデルセンのリフレクティング・チームの発想を活用した（野口，2002）。「リフレクトする＝映し出す」チームを作るのである。チームのメンバーの一人が、自分の抱えている現場の問題を「一人称の語り」で開示し、それに対し他のメンバーが、「自分にはこういう風に聞こえた」と返すことで、問題解消の糸口を探る試みである。

具体的には、五〜六人で一チームを作る。テーマ・オーナー（問題提示者）一人、司会進行役一人、支援メンバー三〜四人の構成である。C地域の場合、各支店から三〇歳〜三五歳の若手マネージャー六人を選び、月一回、平日の夕方一六時過ぎから、約二時間の範囲で実施した。一人のテーマについて、約四〇分の時間をかけて、七つのステップ（図9-1）を経て、個人の問題をメンバー全体で車座になって座り、共有していく。七つのステップのポイントは、二つある。一つは、テーマ・オーナーが自らの問題を再定義する点である。支援メンバーからの質問によって、自分が提示した問題を語り直すことで、多面的に捉え直すことが可能になる。「問題の外在化」である

問題解消をグループで支援する手法。

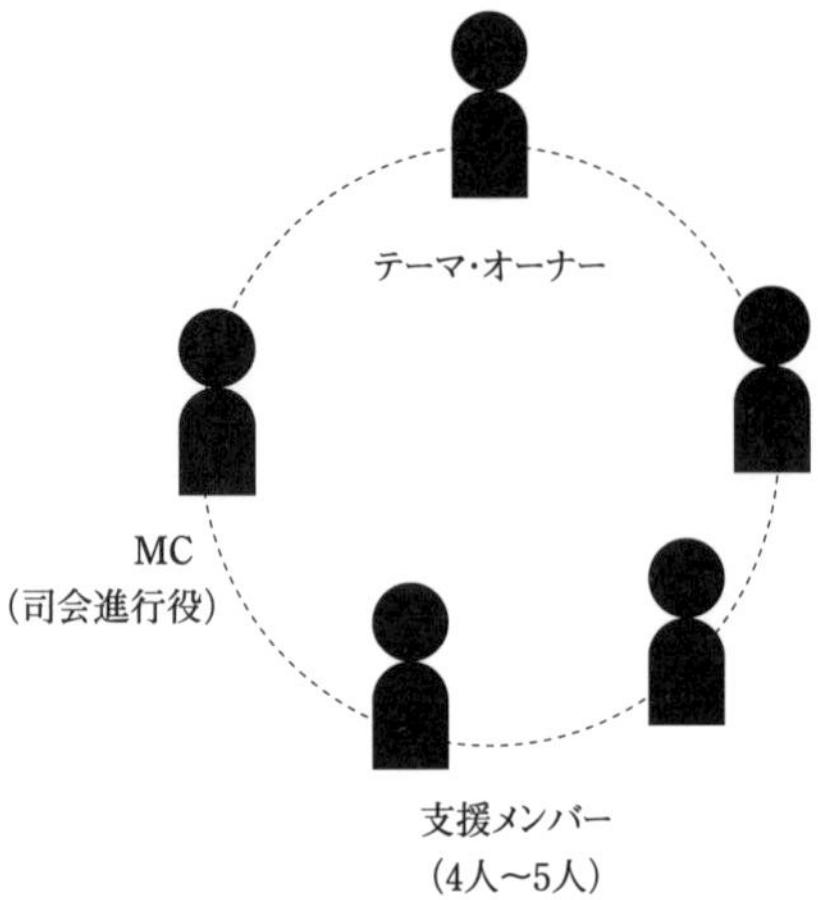

7つのステップ

1. セットアップ（2分）　MCは、コミュニケーションのルール、時間配分を再確認する。

2. 問題提示（3分）　テーマ・オーナーが、抱えている問題を発表する。

3. 質問タイム（12分）　支援メンバーが、順番に問題を明確にするための質問をする。質問は一度に1つに限定する。2〜3ラウンドが目処。

4. 直感を伝える（5分）　支援メンバーは、問題の本質を直感で伝えてみる。

5. テーマの再確認（2分）　テーマ・オーナーが、自分のテーマを再確認する。

6. 解決案のブレスト（10分）　テーマ・オーナーは輪の外に抜ける。支援メンバーは、無責任かつ自由に、解決案を議論する。

7. 解決策の選択（3分）　テーマ・オーナーは輪の中に戻り、自ら納得のいく解決案を選択する（もしくは創り出す）。

〈合計時間の目安：約40分程度〉

注）リフレクティング＝Reflecting＝相手の発言を反映する「私には、〜と聞こえた。」
出典）Masanori Kato 2008

図9－1　リフレクティング注)・チーム

（野口，2005）。つまり、「問題」を、「問題そのもの」、「問題の原因」、「問題の影響」に、区分・整理できるのである。もう一つは、テーマ・オーナーが、輪の外から再定義した問題についての解決案の議論を客観的に観察し、最終的に自分なりの解決案を選択する点である。自ら主体的に解決策を選択するのである。一人称の語りで始まった現場の「問題」が、「問題の外在化」と「解決策の主体的な選択」を通じて、一人称の現場の「課題」に変化していくのが、七つのステップである。

一回の集まりで、二人分のセッションを行うことが可能である。集まりの冒頭には、前回のテーマ・オーナーからの結果報告を行う。月一回のペースで、約三ヶ月でひと回りすることが可能だ。計六回のセッションを行うことで、メンバー間の関係性が醸成されてくる。C地域の場合、二回目あたりまではぎこちない感じがあったが、三回目ともなると、「問題の外在化」のインタビューを通じて、自分だけが抱えている問題と思っていたことが、実は地域全体の問題であることも、明らかになってくる。最終的には、実際に自分の部下との間でリフレクティング・チームを試してみた失敗談を語り出すメンバーがあらわれたり、またあるメンバーは、「銀行における今後の自分のキャリアをどうするか」といった、極めて個人的なテーマも提示したりするようになった。個人の失敗談や個人的な問題をリフレクティング・チームに委ねる関係性が生まれたのである。こうした関係性が醸成されるなかで、各メンバーの個人的な経験知は、物語形式で自然にお互いに共有されていった。

組織におけるリフレクティング・チームの活用は、直接的に問題解決を図る以外に、「一人称の語り」をキッカケに、関係性を再構築できる可能性を示唆している。その結果、個人の問題のみならず、問題共有することで、チームの問題解消にもつながる場合がある。太い関係性があるところでは、個人の問題がチームの共通目的に変化するのである。

4　事例の考察

通常、組織の中で問題について議論しているとき、三人称である会社が主語になっていることが多い。三人称である会社を主語にして、問題を客観的かつ論理的に分解し、根本原因を突き止め、その原因を修正することで、問題解決を図ることが一般的である。しかし、こうした問題解決の手法が機能しない場合もある。例えば、人が絡む問題の場合である。問題を分析し、原因とされた個人や部署は、自らを正当化するために、抵抗するだろう。こうした結果、問題をかえって複雑化し、組織全体のモティベーションを低下させる場合もあるかもしれない。

前節の三つの事例は、問題解決のアプローチが機能しない場合に、別の方法論があることを示唆している。それは問題を直接分析し、是非を争う議論をするのではなく、いったん問題は脇において、まず「各個人が一人称の語りをする場を開く」という方法論である。問題を客観的に外側から語るのではなく、当事者としてどのように感じているのか、問題を内側から語る語りへの意識的なモード変換である。各個人が個人の物語を語り直し、お互いの「一人称の語り」を交流させることで、組織における問題の物語を再発見し、問題解消を図ろうとする方法論である。事例(1)では、「一人称の語りの場」を開くことで、参加者共通の働いている想いが明らかになった。それはA社独自の仕事の「型」、いわば流儀のようなものであり、問題に直面した時、全員が立ち還る原点となりうる。事例(2)では、「一人称の語りの場」を開くことで、「孤立感の解消」が進んでいた。「私の問題は、私一人の問題ではない」という気づき、発見である。そうした心境の変化は、問題を抱える個人の内面に安心感を生み、問題の複雑化を緩和することだろう。事例(3)では、より現場に近い場所において、「一人称の語りの場」を開くことで、個人の問題解消が進み、さらにそのプロセスを共有することで、実際のチームの問題解消にもつながっていた。

いずれの事例にも共通しているのは、本人が「ハッとする瞬間」が訪れている点だ。問題を抱え悩んでいる個人の話を聴いていると、その個人の物語が膠着していることが多い。本人が主人公の物語になっていない。語りの主語は、上司や経営陣であり、文末が「〜せざるをえない」「〜するしかない」になっていることが多い。そうした被害者の物語を聴きながら、「で、あなたはどう思うのか?」「で、あなたはどうしたかったのか?」と、丁寧に本人を主語した一人称に語りの焦点を戻していくと、あるところで、「私」が主語となり、文末が「〜したい」に変化する瞬間が訪れている。この「ハッとする瞬間」が一人に訪れると、それが共感を呼び、場面が転換していく。これは、「一人称の語りの場」を開くと、頻繁に起こる現象である。

では、この「ハッとする瞬間」の前後では、何が起きているのであろうか。そこには、語りの質

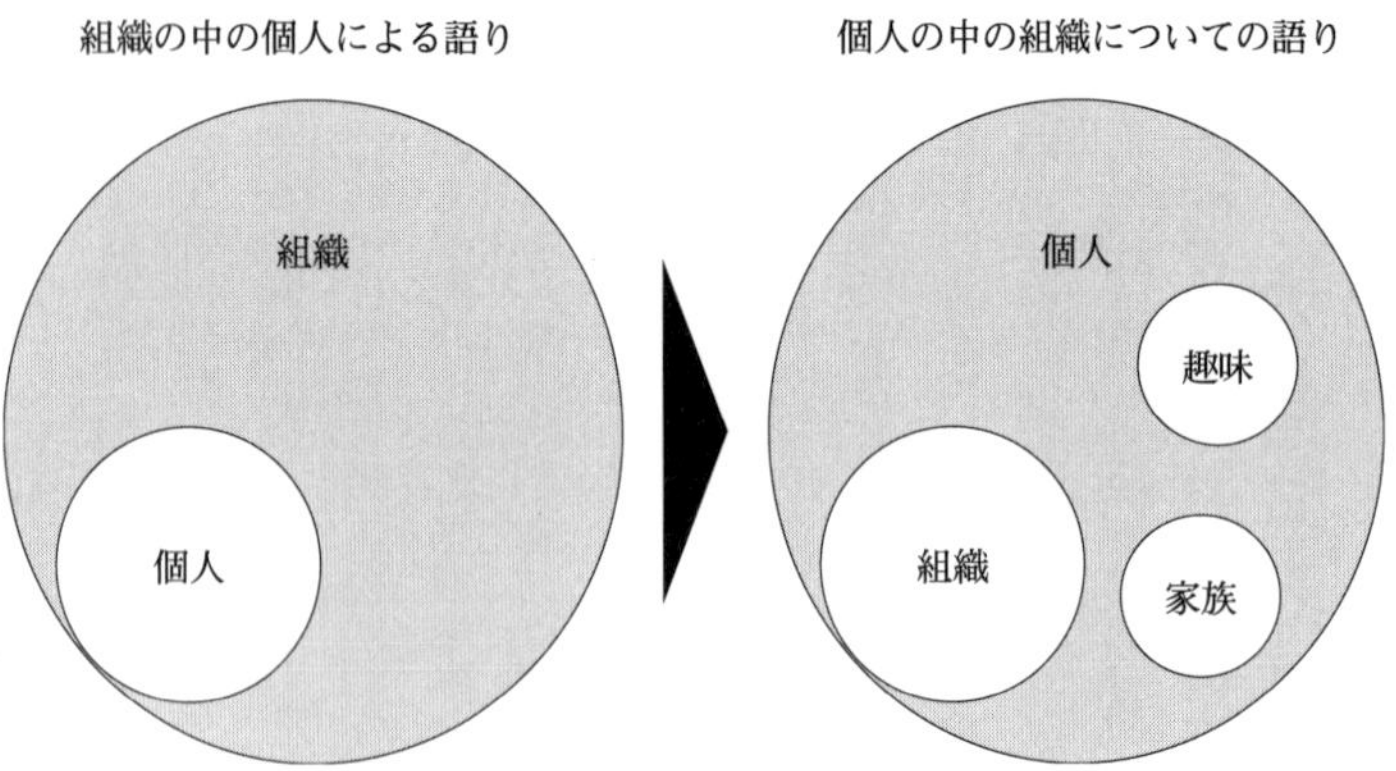

図９－２　ハッとする瞬間＝語りの質の変化

の変化があるようだ。それ以前の語りは「組織の中の個人による語り」であるのに対して、「個人のなかの組織についての語り」に変化するのである。それは、図9-2のような変化である。前者は、「組織」の円のなかに「私」が位置づけられているのに対し、後者は「私」の円の中に「組織」が位置づけられている。「私」の円の中には、子どものこと、妻のこと、友人のこと、経済状態のこと、趣味のことも入ってくるだろう。自分が経験する様々な世界の中の一つとして、会社という組織が存在しているのである。「組織の物語の中に位置づけられている私」と「私の物語の中に組織を位置づけている私」。前者から後者への変換は、確かに問題は問題だが、私もその問題の一部を構成しているという気づきでもある。問題の一部を自分も構成していることに気づけば、自ら主導権を取り戻し、主体性を発揮することが可能となる。問題解決しようと問題の外に立って、その原因を探るのではなく、当事者として問題の内側から一人称の語りを進めることで、本人の認識が変化し、問題が消える場合がある。いわば個人の問題解消である。

三つの事例は、こうした「個人の物語」の語り直しを同じ組織の集団の中で行うと、集団レベルの物語の更新を促し、さらには組織レベルの物語への働きかけが可能となることを示している。「個人の物語」の再編集を契機に、「集団の物語」の更新が行われ、新しい「組織の物語」の筋が再発見されるのである。具体的には、次のような展開例である。ある集団の中で、相互の「自分についての語り」を聞きあう場を設けることができると、本音ベースの語りが共感を生み、お互いの語りを刺激しあい、「個人の物語」が活性化してくる。「個人の物語」が活性化されると、お互いの共通点が明確になり、語りの主語が「私たち」に変化してくる。その場で、「集団の物語」の更新が進むのである。「集団の物語」が活性化してくると、徐々に、主語が「うちの会社は……」「私たちの学校は……」と、自分たちが組織を代表しているような語りに変化してくる。このように、「個人の物語」、「集団の物語」、「組織の物語」、三つのレベルの物語が相互に活性化し、シンクロしてくるのである。その結果、その集団のモティベーションは大幅に向上する。「個人の物語」の活性化を通じて、組織のなかで孤立した個人を結びつけ、孤立感を解消するからであろう。

三人称の物語、例えば「会社」が主語の物語が行き詰った際には、論理分析思考で深追いすることを一時停止し、一人称の「私」が主語の物語に注目してみる。お互いの「一人称の語り」を出発点に、そこから共通点を見出し、新しい会社の物語を再発見しようと試みる。こうした方法論は、組織経営におけるナラティヴ・アプローチの試みといえるのではないか。

5　おわりに

私たちは、組織おける「一人称の語り」に注目し、そうした語りを「語り合う」行為を通じて、集団や組織の活性化が起こりうることを明らかにしてきた。組織の中に、「一人称の語り」をする場を開くことができれば、組織の中の役割だけではなく、役割以外の様々な自分を表現し、交流させることできる。その結果、お互いが新たな自分を再発見し、それをベースに新しい関係性を生み出す可能性が生まれる。つまり、「個人の物語」の再編集による「集団の物語」の活性化である。

ここで改めて確認したいのは、組織の中で、「一人称の語りの場を開く」ことの意味である。「一人称の語りの場」とは、評価されない安全な場であり、通常の三人称、二人称で語るモードから離れることができる場であった。同時に、お互いの語りに共感し、共通点を再発見し、新たな物語が生み出される場でもある。新しい物語は、単独では生まれない。それを理解し、共有してもらえる他者の存在がいることで、新しい物語は初めて安定する。そうした存在なくしては、新たな物語は、単に個人の頭の中の想像の産物にすぎない。新たな個人の物語が生まれ、集団が活性化している場においては、支えあう他者の存在を実感できる。そこには、ある種のコミュニティ（共同体）の萌芽がある。それは「語りの創発性」によって特徴づけられる社会空間であることから、「ナラティヴ・コミュニティ」と呼ぶのがふさわしい共同体である（野口, 2005）。

現代の組織は、問題分析思考が支配的である。また、競争主義的施策が採用されており、仕事内容も高度に専門化してきている。さらに、仕事の仕方のＩＴ化が急速に進んだ結果、個人に余裕がなくなり、他者の存在に支えられていることを実感しにくくなっている。組織で働く個人は、孤立化する傾向にあるのである。孤立化した個人は、自分を包む大きな物語を見いだしにくい。孤立した「個人の物語」は、「組織の物語」との接続が難しく、非常に不安定な状態になっているのである。こうした状況にあって、経営者は「語り」の力を活用し、自らの言葉で「組織の未来の物語」を積極的に語る必要があるだろう。しかし、それだけでは不十分である。同時に、不安定な「個人の物語」を落ち着かせる必要がある。それには、組織の中に「ナラティヴ・コミュニティ」の形成が不可欠だ。組織経営における「語り」は、経営者のみに求められているのではない。むしろ、組織のなかで孤立しがちな個人にこそ、必要な行為である。

参考文献

Denning, S.（2004）"Telling Tales", *Harvard Business Review*, May, pp. 122-129. ＝（2004）堀美波訳「ストーリー・テリングの力」『DIAMOND ハーバード・ビジネス・レビュー』一〇月号

Denning, S., Groh K., and Prusak L.（2005）*Story Telling in Organization: Why Storytelling Is Transforming 21st Century Organization and Management*. ＝（2007）高橋正泰・高井俊次訳『ストーリテリングが経営を変える──組織変革の新しい鍵』同文館出版

加藤雅則（2008）「コーチング再訪―縦のコーチングから横のコーチングへ」『人材教育』（二〇〇八年二月号　ＪＭＡＭ人材教育

Liker, Jeffrey (2003) *The Toyota Way*. = (2004) 稲垣公夫訳『ザ・トヨタウェイ』　日経ＢＰ社

野口裕二（2002）『物語としてのケア』医学書院

野口裕二（2005）『ナラティヴの臨床社会学』勁草書房

野中郁次郎・竹内弘高（1996）『知識創造企業』東洋経済新報社

野中郁次郎・紺野登（1999）『知識経営のすすめ』ちくま新書

野中郁次郎・紺野登（2007）『美徳の経営』ＮＴＴ出版

McKee, R. (2003) "Storytelling That Moves People: A Conversation with Screenwriting Coach, Robert McKee", *Harvard Business Review*, June pp. 51-55. = (2004) 木下徹郎訳『DIAMOND ハーバード・ビジネス・レビュー』二〇〇四年四月号

終　章　ナラティヴ・アプローチの展望

野口裕二

以上の各章を通じて読者はナラティヴ・アプローチの多様な展開に触れることができたはずである。ナラティヴというひとつのキーワードに触発された新たな試みは、学問分野の壁を越えてさまざまな形で展開し独自の進化を遂げつつある。この章ではそうした多様な領域から発信されているナラティヴ・アプローチの現在を総括し、そこから見えてくる共通の課題と今後の可能性について展望することにしたい。

1　ドミナント・ストーリーをめぐって

最初に検討しておきたいのは、ナラティヴ・アプローチに対する疑問や批判についてである。矢原（第二章）と木原（第六章）がこの問題に言及しており、そこにはさまざまなレベルの疑問や批判が混在しているが、ここでは矢原の紹介している理論的な批判についてまず検討する。矢原はこれまでなされてきた批判を「ナラティヴ・アプローチの隘路」としてまとめ、次の二つの問題を区別する。第一は「オルタナティヴとされたストーリーがドミナントの側に転化する可能性」、第二は「ドミナント・ストーリー／オルタナティヴ・ストーリーという枠組自体がはらむドミナント性」である。

この第一の問題は、矢原も指摘するとおり、すでにガーゲン（1994）や筆者によっても言及されてきた問題であり、ナラティヴ・アプローチが注意を向けるべき課題のひとつだとはいえるが、ナラティヴ・アプローチに必然的に伴う弱点というわけではない。また、こうした批判にはひとつの単純な誤解が含まれている。「ドミナント・ストーリー＝悪」という誤解である。この誤解をまず明らかにしておく必要がある。

序章でも述べたとおり、「ドミナント／オルタナティヴ」の区別は、あるストーリーがある状況においてそれ以上遡る必要のない前提とされているかどうかにかかっている。その前提をすこしでも疑い始めた時点で、そのドミナント・ストーリーの「ドミナント性」は揺らぎ始める。そして、新たなストーリー（=オルタナティヴ・ストーリー）が現われ、それが当然視されるようになれば、それが新たなドミナント・ストーリーとなる。このプロセス自体はなんらかの状況が変化するときの必然的なプロセスであって誰も避けることはできない。もし避けうるとすれば、それは、現状維持こそがすべてであり、一切の状況の変化や変更を認めないといった場合のみであろう。

ガーゲンも注意深く「視野の硬直化の種をもたらす」と述べ、筆者も「新たな抑圧の道具に転化する可能性」と述べているように、オルタナティヴ・ストーリーがそのような可能性をもつことはすでに周知のことである。ただし、それはあくまで可能性であって、オルタナティヴ・ストーリーが必ずそうした方向へ向かうというわけではない。問題はそれが「視野の硬直化」をもたらしたり、「新たな抑圧の道具」となっているかどうかであり、それはその都度個別に判断するほかない。そして「硬直化」や「抑圧」が認められ、それを何とかしたいと思うならば、再度新たなオルタナティヴ・ストーリーを生み出すほかない。また、それを変更する必要はないと判断されるならば、いまあるオルタナティヴ・ストーリーを大切にすればよいはずである。

つまり、ドミナント・ストーリーはそれ自体「悪」ではない。というよりも、われわれは、さまざまなドミナント・ストーリーがあるおかげで日々の生活を営むことができる。それ以上遡る必要のない前提がなくなってしまったら、われわれは何をするにもその都度、その根拠を求めて彷徨わなければならなくなる。ドミナント・ストーリーは日常世界の自明性を担保し、われわれの日常世界の複雑性を縮減するのに重要な役割を果たしている。われわれはドミナント・ストーリーを必要としている。したがって、「ドミナント・ストーリー＝悪」ではない。問題はそれが抑圧的かどうか、変更すべきものかどうかにある。

矢原の指摘する「第二の隘路」はこれよりもやや複雑なもので、「ドミナント・ストーリー／オルタナティヴ・ストーリー」という枠組自体がはらむドミナント性」に関するものである。その一例として、加茂・木下（2003）の次のような主張が引用されている。「対人援助を治療と定義づけることの正当性は時代のドミナントな言説によって支えられている。治療者はその言説によって支えられ治療場面のストーリーを作り出す。ところがナラティヴ・モデルは言説の現実定義力に対抗することを戦略目標とするため、時代の支配的言説である治療思想に基づいた実践を行うことは自己矛盾となる」。

この主張にも誤解がある。それは、「ナラティヴ・アプローチがあらゆるドミナント・ストーリーから自由でなければならない」という誤解である。さきほど述べたように、ある状況においてそれ以上遡る必要のない前提とされているものがドミナント・ストーリーである。このことはナラティヴ・アプローチを実践する場合にも例外ではない。したがって、ナラティヴ・アプローチがなんらかの時代のドミナント・ストーリーに支えられていることは当然である。また、ナラティヴ・アプローチが「言説の現実定義力に対抗することを戦略目標とする」のはそのとおりだが、それはあくまである特定の状況において、なんらかの「硬直化」や「抑圧」が認められると判断される場合にそうするのであって、あらゆる状況においてそうすべきだと主張しているわけではない。ここにも誤解がある。

また、山田（2007）の指摘する問題にも同様の誤解がある。「ナラティヴ・セラピーは、自己を物語るという行為を支持することによって、自己が物語りうる存在であるという物語を強化している」のは当然のことであり、あらゆる行為はそこで暗黙の前提とされている「物語」を強化することを免れないし、ナラティヴ・セラピーも例外ではない。ここにも、「ナラティヴ・アプローチはあらゆるドミナント・ストーリーから自由でなければならない」という誤解がある。しかし、それは原理的に不可能な注文である。ナラティヴ・アプローチはあらゆるドミナント・ストーリーから自由な地点を目指すべきだなどとは主張していない。それはあくまで、ある特定の状況においてその状況を変えたいと思うときのひとつの手がかりを主張してきたにすぎない。

ところで、これらの「隘路」に対する矢原の考察は周到である。それは、これらの批判がそれ自身「オートロジカル」なもの、つまり、自分自身の主張にも跳ね返るものであることを指摘したうえで、「ドミナント／オルタナティヴ」という区別がもたらすかもしれない問題をあらかじめ生じなくさせるような工夫としてリフレクティング・プロセスを位置づける。「ドミナント／オルタナティヴ」という区別ではなく、「観察する／観察される」という区別によってこの問題を乗り越えようとする。それは、「視野の硬直化」や「新たな抑圧の道具に転化する可能性」を個人の自覚や反省によって乗り越えるのではなく、コミュニケーション・システムを工夫することで乗り越えようとする試みとして理解できる。この問題は後に取り上げる「和解」という問題を考えるうえでも重要な示唆を与えるはずである。

2　基本アイデアとしての「いまだ語られていない物語」

本書の各論考を通してあらためて浮かび上がってくるのは、ナラティヴ・アプローチが「いまだ語られていない物語」というアイデアを軸に展開しているということである。

小森（第三章）は冒頭で次のように述べる。「問題が問題なのであって、人間やその人間関係が問題なのではない（White, 1990）。すべてはここからはじまったといってよいだろう」。ここで重要なのは、われわれがなんらかの事態を語るときの語り方が、人間や人間関係を問題視するという語り方に偏っており、それ以外の語り方、とりわけ、問題そのものを語るという語り方をなかなかすることができないという点である。問題そのものを語るという新たな語りのフォーマットが導入できれば、「いまだ語られていない物語」が次々に噴出して、それが新しい現実を構成していく可能性がある。「外在化」や「ユニークな結果」はまさにこうした新しい語りのフォーマットを生み出すためのきっかけにほかならない。したがって、「外在化」それ自体をナラティヴ・アプローチの基本テクニックのように扱うことは不適切である。大切なのは「いまだ語られていない物語」を引き出すことであり、そのきっかけはそれが有効であれば、極端な話どんなものでもよい。ただ、現在、「内在化する言説」があまりに大きな影響力をもっており、その分、弊害も大きいので、「外在化」が有効である場面が少なくないということにすぎない。逆にいえば、「内在化する言説」の影響がそれほど強くないところでいくら「外在化」してみても効果は期待できない。

吉川（第四章）の実践から見えてくるのも、まさにこの「いまだ語られていない物語」を生成するための繊細な工夫の数々である。事例における母親の物語は、吉川との「世間話」の中で揺さぶりをかけられ、次第に「語りの空間」を広げていく。それまでの「落ち着かない家庭の中で自分の主張が許容されない」というドミナント・ストーリーは、何回かのセッションを経て、「自分が誰かに手を貸す必要はなく、互いに手助けしてもらっているのが普通」というオルタナティヴ・ストーリーへと変わっていく。ここで誤解してはならないのは、ここで生じた変化が、それまでの不合理で誤った認知が合理的で適切な認知へと修正されたということではない点である。母親をとらえていたドミナント・ストーリーがその効力を失い、それとは異なるオルタナティヴ・ストーリーが生まれたにすぎず、前者が誤りで後者が正解というわけではない。前者は母親を苦しめるように作用し、後者はその苦しみから解放してくれるものではあるが、前節で述べたとおり、後者もまたいつか「硬直化」や「抑圧」を招く可能性がないとはいえない。その意味でそれが正解といえる保証はない。しいていえば、暫定的な正解にすぎない。大切なのは、現在、生じている「硬直化」や「抑圧」をもたらしているドミナント・ストーリーの効力を無効にすること、そのために「いまだ語られていない物語」を語れるようにするという点にある。

大久保（第五章）の論ずる看護の世界での動向もまた、この領域における「いまだ語られていない物語」のもつ意味を明確にしてくれる。大久保は、看護領域におけるナラティヴへの着目を、「ナラティヴ・ナレッジの発掘」と「共に現実を作るナラティヴ」という二つの側面に区別する。前者は、自然科学的パラダイムの優位によって周辺へと追いやられてきた患者の語りや看護師の語りがもつ豊かな可能性の再発見という意味合いをもつ。この意味では、「いまだ語られていない物語」ではなく、「語られているのに聴かれてこなかった物語」というべきかもしれない。EBMとNBMとの対比のなかでもよく指摘されるこの側面は、患者の何気ない語りのもつ意味や、看護師が自らの実践を語ることの意味へと注意を向け、これまでの実践を反省する契機を与えてくれる。一方、後者は「共に現実を作る」という側面への着目であり、まさしく「いまだ語られていない物語」を生み出すための対話的な関わりが焦点となっている。そして、「変化はケアする側にも、される側にも起きている」という点で、自然科学的パラダイムとは異なる独自の方法論として展開しつつある。看護の領域ではこれまで前者の「発掘」の側面が強調されてきた傾向があり、第三章で小森が指摘するように、「治療者側の傾聴技術のみが強調されて、結局は、さらなる技術習得が課せられてバーンアウトしかねないリスク」があった。その意味でも、前者の「発掘」の側面と後者の「創造」の側面の両者をバランスよく視野におさめておくことは重要と思われる。

木原（第六章）の論考もまた「いまだ語られていない物語」を重視しながら、むしろ、それを専門家の側が「聴こうとしてこなかった物語」としてとらえる。木原は次のように述べる。「なぜ、社会福祉界で敢えて「当事者主権」をいわなければならなかったのだろうか。（―中略―）当事者主権が今、歓迎される背景には、伝統的な社会福祉の理論やソーシャルワークが、真摯にクライエントの語る現実世界を聴いてこなかったことを暗示している」。専門家はたしかに当事者の語りに基づいて専門的判断を下そうとする。しかし、専門的判断の理論枠組自体が特定の語りだけを選択的に聴いてしまい、それ以外の語りを無視してしまう。こうして、「語られているのに聴かれない物語」や「聴いてもらえないので語られない物語」、さらには、「語らせてもらえない物語」が生まれる。「いまだ語られない物語」は専門家が「聴こうとしてこなかった物語」でもある。

以上から浮かび上がってくるのは、「いまだ語られていない物語」というアイデアのもつ革新性である。「いまだ語られていない物語」という表現はいくつかの場面を想起させる。第一は、「自分の中で秘密にしてきた誰にも語ったことがない物語」といった場合で、「告白」、「証言」、「カミングアウト」といった場面が思い浮かぶ。第二は、「語りたいと思っているが語る機会がない、あるいは、誰も聴いてくれない物語」という場合で、大久保のいう「発掘」や木原のいう「当事者主権」の動きがこれにあたる。そして、第三に考えられるのが、ナラティヴ・セラピーが主張してきたような方向、すなわち、「自分でも意識しておらず、自分の中でまだ物語として成立していないものを物語化していく」という場合である。第一と第二の場合にはすでに語るべき物語が自分の中にあると考える点で共通している。これに対して、この第三の場合は、すでに出来上がっている物語ではなく、いまはまだ物語の形をしていないが物語となりうる可能性のあるものに焦点があてられる。

そして、この点が、木原が紹介する疑問のひとつ、すなわち、「わざわざナラティヴや物語、語りなどといわなくとも語りということは福祉のなかではずっと重要視されてきたのでは？」という疑問に対する回答になる。たしかに、福祉に限らず、医療、看護、心理などの臨床領域において「語り」はこれまでも重視されてきた。しかし、その多くは、さきほどの分類でいえば第一と第二の理解だったのではないだろうか。それらはできるだけ中立的な立場から「真実の語り」を引き出すことに注意を集中してきた。あるいは、「傾聴」、「受容」、「共感」などによって、「真実の語り」を引き出すための工夫を重ねてきた。しかし、ナラティヴ・アプローチが新たに注目したのは、そのような「真実の語り」ではなく、「新しい語り」、「別の語り」が語られる可能性である。つまり、隠れた物語を「発見」することではなく、新しい物語を「生成」することへと視野を広げる。ここに、ナラティヴ・アプローチと従来のアプローチの決定的な違いがある。木原が紹介する「べてるの家」の実践もこうした「新しい語り」を生み出すためのユニークな工夫にほかならない。

3　ナラティヴの多元性と重層性

あるひとつの事態をめぐるナラティヴがそれを語るひとによって異なることは、「羅生門的現実」あるいは「藪の中」という言葉によってこれまでも言及されてきた。しかし、それがどのように異なるのか、なぜ異なるのかについての考察はこれまで必ずしも十分ではなかった。この問題に大きな示唆を与えてくれるのが、宮坂（第七章）と和田（第八章）の論考である。宮坂はこの問題を「複数の物語の併存」ととらえ次のように述べる。

「こうして物語性をともなって把握すると、不十分ながらも、患者や家族の「私の物語」レベルへの理解が得られ、見解の相違をより深い奥行きをともなって把握できる。「奥行き」とは、少なくとも、①心理的な深さ、つまり、感情や気持ちの揺れ動きなどや様々な思惑など、複雑な心理状態の一端を把握することであり、②時間的な経緯、つまり、個々の人たちがどんな経験を経て、現在の考えを抱くに至っているかを知ることであり、さらには、③関係性つまり、家族、近親者のような「重要な他者」や、まったくの赤の他人を含む人間集団のなかで、当事者がどんなかかわりあいをして、現在の考えを抱くに至っているかを知ることであろう」。

ここで、①「心理的な深さ」、②「時間的な経緯」、③「関係性」という三つの要因が指摘されており、当事者間で認識が異なるのはこれら三つの要因が異なるからであるという説明が可能になる。同じ事態に遭遇してもその立場によって、感情の揺れ動き方は異なり、その事態の中でどのような出来事を経験したかも異なり、どんなかかわりをしてきたかも異なる。とりわけ、一回性の事件のようなものではなく、ある程度の期間にわたって事態が推移するとき、当事者はそれぞれ別々の場面で別々の経験を積み重ねているといっても過言ではない。感情的な反応、経験した出来事、事態へのかかわりはそれぞれに異なっている。このように考えるならば、むしろ、事態をめぐる物語が一致するほうが不思議なくらいとさえいえるであろう。

複数の物語が収集されそれらが相互に参照されることで、それぞれの物語は変容していく。いままで知らなかった誰かの思いや経験やかかわりが自分の物語のなかに書き加えられていく。その誰かが重要な登場人物となって自分の物語が大きく変わる場合もあるだろうし、重要な登場人物とはならずに、自分の物語はほとんど揺らがない場合もあるだろう。しかし、いずれにせよ、関係者の多様な物語が参照され共有されることによって、それぞれの物語は「厚い記述」へと変わっていく。すなわち、事態の複雑さが認識されていく。すくなくとも、自分の物語のもつ絶対性や真実性は一旦保留されて、それだけでは片付かない複雑さをもった物語が「社会的に構成」されていく。

宮坂は、臨床倫理学におけるナラティヴ・アプローチの要件を、「規範性、物語性、社会構成性」の三つに整理しているが、このうちの「社会構成性」が「複数の物語の併存」という状況を理解する際の重要な鍵となる。もともと、個々の物語はさまざまな他者とのかかわりや他者の反応を織り込むかたちで成り立っており、それ自体、社会的に構成されている。しかし、それらが一堂に会するとき、さらにもう一段上のレベルでの「社会的構成」が始まる。同じひとつの事態に対するそれぞれの物語が異なっているという新たな前提が共有され、それらの対立や差異をすり合わせ調停するような新たな物語が模索されるようになるからである。「複数の物語の併存」という事態の認識を共有することが新たな物語の出発点となる。「羅生門的現実」はただ単にわれわれを困惑させるものなのではなく、むしろ、われわれを新たな世界へと導く重要な契機としてとらえなおすことができる。

一方、和田が示す物語の多元性と重層性もまた示唆的である。和田は医療事故紛争の場を多様な物語が交錯する場として描き出す。そこでは、被害者、医療関係者、司法関係者という三者が登場する。したがって、そこにはすくなくとも三つの物語があることは容易に想像がつくが事態はもっと複雑である。和田は次のように述べる。「司法が、「理念に根差した法と正義の物語」と「現場に根差した法と正義の物語」の二重構造を持っているのと同様に、医療も、専門医学的言説に基づく「医学の物語」と「医療現場の物語」という、相似した二重構造を有している」。司法や医療は決して一枚岩の物語で動いているのではなく、それぞれ複数の物語を抱えながら成り立っている。

さらに、医療者自身、「個人の物語」(事故に直面した一人の個人としての物語)、「専門医学の物語」(医学の専門家としての物語)、「組織防御の物語」(病院組織や訴訟など外部組織との関係の中に位置づけられた現場に生きる者としての物語)という三つの物語を生きている。こうして、医療紛争の場では、医療者側だけでも、五つの物語が錯綜することになる。これに、司法側の二つの物語と被害者側の物語が加わる。ここで被害者側の物語については細かく分類していないが、前述の宮坂の議論を思い出せば、そこにもかかわった当事者の数だけ物語がある。つまり、医療紛争の場はこれだけ多くの物語が交錯する場としてとらえられる。

以上の考察から明らかになるのは、第一に、医療や司法といった高度に制度化された公的セクターといえども、それがひとつの物語で統一されているわけではないということである。すくなくとも「理念的な物語」と「現場の物語」という二つの異なるレベルの物語がそこには見出され、両者はあるときは相互に補強しあい、あるときは対立しながら、制度を作動させている。制度分析、組織分析において有効な手がかりを与えてくれる視点といえよう。第二にわかるのは、こうした制度や組織の重層的な物語構造のなかに、個人の物語が複雑に絡まりあうという構図である。組織のなかには二つの物語があることにだけ注意すればよいなら話はまだしもわかりやすい。これに個人の三つの物語が絡まりあうことによって事態は一層混沌としたものになる。ある事態がなぜ混沌としているのか、どのように混沌としているのかを見通すうえで、以上の考察はおおいに参考になる。「羅生門的現実」をただ単に「多元的現実」としてとらえるだけでなく、その多元性の中味について考察する際の有効な手がかりがここにある。

また、和田の指摘する「論理」と「物語」の区別も重要である。われわれはよく、「医療の論理」と「司法の論理」の対立とか、「経営の論理」と「労働の論理」の対立とかいった表現で、「論理」という言葉を使って事態の構図を描き出そうとする。もちろん、それはそれで重要な示唆を与えてくれる。しかし、「論理」と「論理」の対立ならばそれこそ「論理的」に決着がつきそうなのにもかかわらず、事態はそう簡単にはいかないのはなぜか。この問題を考えるうえで「物語」という概念が新たな視点を与えてくれる。和田が描き出す医療事故紛争の事例に明らかなように、なんらかの対立が生じているとき、そこで対立しているのは「論理」だけではない。「物語」が対立している。しかも、その「物語」は多元的かつ重層的であり、それらが混沌とし錯綜した「羅生門的現実」を生み出している。したがって、事態を「論理」だけで記述することは適切ではない。「物語」の多元性と重層性を記述することが事態を理解するうえで不可欠となる。この点は宮坂のいう「複数の物語の併存」という視点ともそのまま重なる。

4　和解の物語、希望の物語

複数の物語が複雑に絡み合い対立や憎しみを生み出すとき、「和解」はいかにして可能なのか。この問題に正面から取り組んでいるのが、小田（第一章）の論考である。小田は、「イスラエルとパレスチナの遺族たちの対話」を紹介しながら次のように述べる。

「一人ひとりが肉親を亡くした時のことを語ってゆく。その個人的な経験の語りを聴くことで、互いのステレオタイプな他者像（「パレスチナ人＝テロリスト」、「イスラエル人＝侵略者」）がゆらぎ、互いを〝人間として〟みるプロセスが動きはじめる」。

このような変化がなぜ生じるのかといえば、それは、「互いの物語を聴いた後では、それが具体的な名前と顔を持ち、自分たちと変わらぬ感情のある〈他者〉へと変わった」からだという。ここで重要なのは、集合名詞の他者と固有名詞の他者との間にある大きな違いである。「パレスチナ人」と「イスラエル人」という集合名詞を主語にした物語は、すでに強固な形で出来上がっている「対立の物語」にどうしても収斂してしまう。それに対して、特定の個人の固有名詞が主語となる物語は、その個人のさまざまな経験や思いを追体験することによって、その個人の人生を理解する方向に作用する。つまり、「対立の物語」とは異なるレベルにある「個人の物語」が視界に入ってくるのである。

こうしたプロセスは、これまで述べたいくつかの議論を思い出させる。ひとつは、前節で述べた宮坂の「複数の物語の併存」という視点である。「生命維持装置を装着すべきか否か」という対立点に関してより上位の規範から解を求めるのではなく、そうした判断に至った当事者それぞれの物語を丹念に収集し共有していくことで、「対立の物語」とは異なる新しい物語が生まれる可能性がある。もうひとつは、序章で述べた「コレクティヴ・ストーリー」に関する議論である。ある社会的カテゴリーを主語とする物語が「それはまさしく私のことだ」と感じられることがある。そのようなコレクティヴ・ストーリーはそれ自体、個人の自己理解にとって重要な意味を持つが、同時にそれは、個々の物語の展開を抑圧するように作用する危険性があることを、小田の議論は教えている。「パレスチナ人の物語」、「イスラエル人の物語」というコレクティヴ・ストーリーはあまりにも強固で疑うことが困難であるがゆえに、それぞれの個人の物語をすべて同じ色に染め上げてしまうような圧倒的な影響力をもち、結果的に「対立の物語」をより強固なものにしてしまう。そして、その物語からの脱出（＝和解）をより一層困難にするよう作用している。

物語において主語が誰であるかは決定的な意味合いをもつ。この点について考察を深めているのが、加藤（第九章）の論考である。加藤は、企業組織のなかで、ナラティヴ・アプローチを実践しながら、物語の主語の重要性に注目し、次のように述べる。

「組織の中で語りが変化するときに、場面が転換する。語りが一人称になり、自分ごとでの語りが始まると、周りに共感が生まれ、個人の孤立感が和らぐ。そして、時に個人の物語が組織の物語を動かしていく場合もある」。

先ほどの「イスラエルとパレスチナ」の話にもそのままあてはまりそうな内容に驚かされるが、ここで重要なのは、企業内では一般に「一人称の語り」がなかなか見られないという点である。企業内では、「うちの会社は」といった「三人称の主語」で語ることが一般的であるという。何か問題が起きたときにできるだけ客観的に原因を把握し有効な解決策を探るには主語は三人称のほうが適しているからである。しかし、そうしたやり方こそが問題をより深刻にしてしまう場合があるというのが加藤の着目した点である。そこで、「一人称の語りの場」を作り、それぞれの物語を参加者に共有してもらう。こうしたプロセスの中で、「ハッとする瞬間」が訪れ、「個人の物語」が活性化し、「私の物語」から「私たちの物語」へ、さらには、「うちの会社の物語」へと変化して、ひとびとに将来への見通しを与え、組織の活性化が起こるという。

ここからわかるのは、「うちの会社の物語」といった三人称の集合名詞の物語それ自体が悪いのではなく、それが個人の物語との接点を失っているときに問題が生じるという点である。最終的にたどり着いた「うちの会社の物語」は「私の物語」と「私たちの物語」の延長上に連続的に語られることで意味をもっている。こうした連続性が物語を生き生きとしたものにし、個人を勇気付け、希望を与えていく様子がうかがわれる。物語はわれわれに将来への見通しと希望を与えてくれる。ただし、その際、「私の物語」だけでは不十分である。それが、「私たちの物語」や「組織の物語」へと接続し、それらがうまく重なり合うときに力が生まれる。

こうしたプロセスの重要性は、実は、本書に収められたいくつかの論考においても言及されている。前節で述べた宮坂の生命倫理をめぐる場面や、和田の医療事故紛争の場面、また、小森が紹介している医療メディエーション（調停）の場面などからも同様のプロセスを読み取ることができる。小森は次のように述べる。

「そこでは、対立を（満たされていないニーズといった）修正可能な機能不全から生じるものと捉えるのではなく、人々のあいだに差異が存在することについてポストモダンな認識が求められる。つまり、人々は現実状況や人生の機会において異なるだけではなく、これらの差異を理解するために彼らが頼りにするストーリーにおいても異なるのだ、と考えなければならない。それゆえ、対立は、そのような差異を表現する際の必然的結果として理解される」。

したがって、「対立」は以下のように向き合うべきものとされる。

「事あるごとに私たちを対立へと導くこの差異というものは、解決すべきものではなく、理解すべきものなのである。差異に価値を置くということは、このアプローチによって光が当てられた原理である」。

「解決すべきものではなく、理解すべきもの」という言葉がナラティヴ・アプローチの重要な特徴を表している。われわれは、「対立」や「問題」に出会うとどうしたら「解決」できるかをすぐに考えてしまう。そして、そのためには、問題の構造と原因を客観的に分析することが何よりも重要と考え、事態を「三人称の主語」で記述しようとする。このとき、「一人称の主語」の物語は周辺へと追いやられ、語られないままに終わるか、語られても聴かれないままに終わる。しかし、「対立」や「問題」は客観的な原因だけでできあがっているわけではない。そこにはさまざまな「物語」が絡まりあっている。したがって、われわれはまず、それぞれの「物語」を互いに「理解」しあうことから始める必要がある。ひとつの「正解」を発見することを目標にするのではなく、差異や多様性を「理解」すること、そこから「和解の物語」や「希望の物語」へとつながる道が見えてくる。

5 おわりに——実証性と事例性をめぐって

以上、本書全体から浮かび上がってくる論点をいくつかの角度からまとめてみた。序章でも述べたとおり、ナラティヴ・アプローチはナラティヴという概念を使ってなんらかの現象に立ち向かう方法の総称である。個別の語りを分析することが目的なのではなく、それは現象を理解するための手段にすぎない。また、個々の語りの中になんらかの真実を発見することが目的なのではなく、個々の語りがなぜそのようなかたちで存在しているのか、今後どのように変化しうるのか、それはなんらかの現象とどのような関係にあるのかに注意を向ける。また、個別の語りだけでなく、ある状況をめぐる複数の語りが相互にどのような関係にあり、どのような現実を作り出しているのか、さらにそこで生じている対立や葛藤はいかにして乗り越えられるのかを問う。以上のことが本書の各論考から伝わってきたはずである。

ナラティヴ・アプローチを以上のようなものとしてとらえるとき、あらためて次のような疑問が生ずるかもしれない。ナラティヴ・アプローチは従来の実証的研究とどのような関係にあるのか。あるいは、「ナラティヴ・ベースト」と「エビデンス・ベースト」はどのような関係にあるのかといった疑問である。最後にこれらの問題を検討しておこう。

ナラティヴ・アプローチが従来の実証的研究と異なる方法であることは本書の論考のなかでも何度となく言及されている。たとえば、大久保は看護の領域における自然科学的方法論との違いを指摘し、木原は福祉の領域におけるナラティヴ・アプローチの課題として「効果の実証性の検証という問題」を指摘している。たしかに、ナラティヴ・アプローチは従来のアプローチとの違いを強調してきた。そのとき、従来型の研究の特徴として対比的に論じられるのが、「実証的」、「自然科学的」、「エビデンス・ベースト」、「論理科学的」などの用語である。これらは当然のことながらそれぞれ固有の意味内容をもっているが、これらがほぼ互換的に用いられることで無用な混乱が生じているように思われる。こうした混乱を避けるには、それぞれの用語のもつ意味をあらためて整理しておく必要がある。

まず、「実証的」という場合、なんらかの具体的証拠を示すことがその最低限の要件となる。ナラティヴ・アプローチをおこなう際に、なんらかのナラティヴを引用すればそれは何も引用しないよりは実証的といえる。ただし、そのナラティヴがどのような代表性をもつかという点では、ランダムサンプリングに基づく研究には遠く及ばない。しかし、いわゆる事例研究とは同等の実証性をもつといえる。

次に、「自然科学的」という場合、それが、実験や調査によって収集されたデータの統計的分析を指すとすれば、ナラティヴ・アプローチはいまのところそのような成果をほとんどあげていない。しかし、それが原理的に不可能というわけではない。たとえば、なんらかの現象をめぐって語られた「ナラティヴ」を多数収集して、それを質的ないしは量的変数に変換して統計的に分析することは原理的には可能である。また、なんらかの臨床現場でナラティヴ・アプローチに基づくかかわりをおこなう実験群とそうしたかかわりをしない統制群を設けて、その効果を測定することも可能である。したがって、自然科学的方法論がナラティヴ・アプローチと原理的に相容れないというわけではない。

「エビデンス・ベースト」という言葉は、通常、単なる「証拠」ではなく、統計的な有意差をもつ分析結果を指して用いられる。したがって、前述の「自然科学的」という用語とほぼ同義であり、その意味で、ナラティヴ・アプローチと原理的に相容れないわけではない。一般的には両者はまったく異なる方法として扱われることが多いが、厳密にいえば、前述のようなかたちでナラティヴ・

アプローチのエビデンスを蓄積することは不可能ではない。ただ、そのような試みがほとんどなされていないことも事実であり、その意味で両者を対比的に論ずることには現実的な妥当性がある。

最後に、「論理科学的」という用語は、序章で述べたように、セオリーの探求を重視する方法論であり、ナラティヴをセオリー発見のためのデータとして位置づける。これに対して、ナラティヴ・アプローチはナラティヴそのものの生成や変容を重視し、ナラティヴをセオリー発見のためのデータとは位置づけない。この点で、論理科学モードとナラティヴ・モードは大きく異なっている。つまり、両者は世界を理解するための異なる方法であるといえる。論理科学的アプローチはあらかじめ準備された理論から導かれる変数に着目する。これに対して、ナラティヴ・アプローチは個別の現場で、その個別の現場を成り立たせている個別の物語に着目する。論理科学的アプローチはセオリーという形式を通して世界を眺め、ナラティヴ・アプローチはナラティヴという形式を通して世界を眺める。この点が大きく異なっている。したがって、実験や統計といった手続きに本質的な違いがあるわけではないことに注意する必要がある。

とはいえ、ナラティヴ・アプローチを用いた実験的研究や統計的研究はいまのところほとんど現れていない。その理由は、ナラティヴ・アプローチが個別の現象を理解したり、個別の問題を乗り越えることに関心をもっており、もともと事例研究的な関心が強いためであると考えられる。このことは、第一章で小田が述べている「パレスチナとイスラエルをめぐる問題」、「アイヌをめぐる問題」を思い起こせば直ちに了解されるであろう。これらの問題に有効ななんらかのセオリーがあるならばそれを使えばよい。しかし、それが見あたらないのなら別の角度からアプローチするしかない。そのひとつの試みがナラティヴ・アプローチにほかならない。われわれはみな特定の時間と空間のなかで一回きりの生をおくっている。パレスチナに生まれること、アイヌに生まれることを選ぶことはできず、そこに生まれた人々はその個別性と事例性を背負って生きるほかない。この意味でわれわれの生はすべて個別的かつ事例的である。こうした問題に向き合うとき、ナラティヴ・アプローチは独自の視界を開いてくれる。ナラティヴ・アプローチはこれからも個別性と事例性を大切にしながら展開していくはずである。

ナラティヴ・アプローチはナラティヴという形式を通して世界を眺める。その独特の眺望をさまざまな現場で記述し、そこで生じている物語の対立や葛藤を明らかにすること、そして、和解と希望の物語を模索し実践することがナラティヴ・アプローチの当面の課題となると思われる。

吉川　悟（よしかわ　さとる）
1958年生まれ
1984年　和光大学人文学部卒業
現　在　龍谷大学心理学部教授
主　著　『家族療法―システムズアプローチの〈ものの見方〉』（ミネルヴァ書房，1993），『システムアプローチのものの見方―「人間関係」を変える心理療法』（遠見書房，2023）

木原活信（きはら　かつのぶ）
1965年生まれ
1995年　同志社大学大学院文学研究科博士後期課程修了　社会福祉学博士
現　在　同志社大学社会学部教授
主　著　『対人援助の福祉エートス』（ミネルヴァ書房，2003），『ジョージ・ミュラーとキリスト教社会福祉の源泉』（教文館，2023）

宮坂道夫（みやさか　みちお）
1965年生まれ
1994年　東京大学大学院医学系研究科博士課程単位取得退学　博士（医学）
現　在　新潟大学大学院保健学研究科教授
主　著　『医療倫理学の方法　原則・手順・ナラティヴ』（医学書院，2005），『対話と承認のケア―ナラティヴが生み出す世界』（医学書院，2020）

和田仁孝（わだ　よしたか）
1955年生まれ
1986年　京都大学大学院法学研究科博士後期課程修了　博士（法学）
現　在　早稲田大学大学院法務研究科教授
主　著　『法社会学の解体と再生―ポストモダンを超えて』（弘文堂，1996），『法の権力とナラティヴ』（北大路書房，2020）

加藤雅則（かとう　まさのり）
1964年生まれ
1992年　カリフォルニア大学バークレー校経営大学院修士課程修了
現　在　株式会社アクション・デザイン代表取締役，IESE（イエセ）客員教授，多摩大学大学院客員教授
主　著　『組織は変われるか』（英治出版，2017），『両利きの組織をつくる』（英治出版，2020），『コーポレート・エクスプローラー』（解説寄稿，英治出版，2023）

執筆者紹介（執筆順）

野口裕二（のぐち　ゆうじ）

1955年生まれ

1984年　北海道大学大学院文学研究科博士課程単位取得退学

現　在　東京学芸大学名誉教授

主　著　『物語としてのケア―ナラティヴ・アプローチの世界へ』（医学書院，2002），『ナラティヴの臨床社会学』（勁草書房，2005）

小田博志（おだ　ひろし）

1966年生まれ

2001年　ハイデルベルク大学医学部博士課程修了（Dr.sc.hum.）

現　在　北海道大学大学院文学研究院教授

主　著　『エスノグラフィー入門―〈現場〉を質的研究する』（春秋社，2010），『生きる知慧はフィールドで学んだ―現代人類学入門』（共著，2023，ナカニシヤ出版）

矢原隆行（やはら　たかゆき）

1968年生まれ

2000年　九州大学大学院文学研究科博士後期課程単位取得退学

現　在　熊本大学大学院人文社会科学研究部教授

主　著　『リフレクティング―会話についての会話という方法』（ナカニシヤ出版，2016），『リフレクティングの臨床社会学―ケアとダイアローグの思想と実践』（青土社，2023）

小森康永（こもり　やすなが）

1960年生まれ

1985年　岐阜大学医学部卒業

現　在　愛知県がんセンター　精神腫瘍科部長

主　著　『がんと嘘と秘密』（共著，遠見書房，2022），『ナラティヴと情動』（共著，北大路書房，2023）

大久保功子（おおくぼ　のりこ）

1960年生まれ

2008年　東京医科歯科大学大学院保健衛生学研究科博士後期課程修了

現　在　東京医科歯科大学大学院教授

主　著　『よくわかる質的研究の進め方・まとめ方』（共著，医歯薬出版，2007），『助産学講座１』（共著，医学書院，2008）

ナラティヴ・アプローチ

2009年4月10日　第1版第1刷発行
2024年3月20日　第1版第8刷発行

編　者　野《の》口《ぐち》裕《ゆう》二《じ》

発行者　井村寿人

発行所　株式会社　勁《けい》草《そう》書房

112-0005　東京都文京区水道2-1-1　振替　00150-2-175253
（編集）電話　03-3815-5277／FAX　03-3814-6968
（営業）電話　03-3814-6861／FAX　03-3814-6854
港北メディアサービス・松岳社

ISBN978-4-326-65340-9　　Printed in Japan

＊落丁本・乱丁本はお取替いたします。
ご感想・お問い合わせは小社ホームページから
お願いいたします。

https://www.keisoshobo.co.jp

野口裕二　ナラティヴの臨床社会学　四六判　二八六〇円

上野千鶴子 編　脱アイデンティティ　四六判　三三〇〇円

上野千鶴子 編　構築主義とは何か　四六判　三〇八〇円

浅野智彦 編　検証・若者の変貌　失われた10年の後に　四六判　二六四〇円

川崎賢一・浅野智彦 編　〈若者〉の溶解　四六判　三五二〇円

崎山治男　「心の時代」と自己　感情社会学の視座　A5判　四二九〇円

田中美穂・児玉　聡　終の選択　終末期医療を考える　A5判　三五二〇円

平山　亮　介護する息子たち　男性性の死角とケアのジェンダー分析　四六判　二七五〇円

宮台真司他 編　「男らしさ」の快楽　ポピュラー文化からみたその実態　四六判　三〇八〇円

柿並良佑・難波阿丹 編　「情動」論への招待　感情と情動のフロンティア　A5判　三九六〇円

＊表示価格は二〇二四年三月現在。消費税10%が含まれております。